仕事1年生「これ」だけできれば100点です！

Yamagata Takuya
山形琢也

すばる舎

はじめに

新社会人としての出発、「おめでとう!!」
あなたにとってたった一度の、希望に満ちた社会への船出の瞬間。自分を信じて、ひたすら前進する熱意と行動力。天があなたに与えてくれた可能性に感謝して、その力を存分に発揮してほしい。

私は今年で88歳になります。あなたは私から見たら子どもを優に飛び越えて孫の世代です。私の若いときと比べて時代は大きく変わりました。インターネットやSNSがこれだけ発達し、AIが登場しました。あらゆるものが大きく変わりました。

けれど、一方で変わらないものがあります。

それは人間そのものです。**人間の本質はおそらくどんな時代も変わりません**。そして人生の意義、生きることの意味も、いつになっても変わりはしないのです。

その変わらない部分なら、私も人生の先輩として伝えることができるのではないかと思います。そしてそれこそが、伝えなければならない最も大切なことなのです。


「何事も最初が肝心！」


つい送りたくなるこのエールも、時代を超えて言われてきたことでしょう。

今この瞬間から始まる一歩、一日、一つの行動の積み重ねが、血となり肉となりあなたの人生を作り上げていきます。一日一日、その中の一瞬一瞬を、どうか大切にしてほしいと強く思うのです。

「自分の人生は自分が主役だ」

私がこれまで講演やセミナーで言ってきたことです。当たり前だと思うでしょうか？　ところが自分の人生を他人に委ね、依存してしまう人のなんと多いことでしょう。

あなたは何のためにいまの生を受けたのか？　あなたは自分を存分に生かすために、その生を受けたのです。**あなたの人生はすべてあなたのためにあります。**

時代がどんなに変わろうと〝自分〟を意識して〝自分〟を大切にして生きてほしい。同時に今はそれができる時代であり、自由な時代です。人それぞれの自分の人生、自分の個性を思いきり生かすことです。今日ほど価値観が多様化している時代を私は知りません。つくづく、すばらしい時代が来たものだと思います。

いまや人生100年時代。あなたからしたら、長い社会人人生がこれからスタートします。しかし、88歳になる私からすればあっという間のことでした。

今こそ、私は確固たる信念のもと、あなたにメッセージを贈りたいと思います。
もちろん、自分の考えを押し付ける気など毛頭ありません。何か一つでもあなたのこれからの人生、仕事のヒントになってもらえればうれしいです。

実は、**会社の上司や先輩が、新社会人に求めているのはいたってシンプルで、簡単なこと**です。

これから仕事を始めるあなたは「いいところを見せたい」「同期の中で目立ちたい」と意気込んでいるかもしれません。もちろん、その気持ちもよくわかります。けれど、**もっと単純で、すぐに実践できて、上司の評価に直結する仕事のコツ**がたくさんあります。

仕事1年生は、**そんな仕事のコツを押さえるだけで100点**です。最初から120点、150点を目指すのは大変だけど、100点ならみんなが目指せます。
「頑張っているのにうまくいかない……」「こんなはずじゃなかったのに……」。

今そう感じているあなたも、実は頑張り方が少しズレているだけかもしれません。**失敗もたくさんしてかまいません**。詳細は本文でお話ししますが、**大事なのは、ミスを素直に認めることと、リカバリーの仕方なのです。**

失敗を恐れるな。失敗に勝る教訓はない。

成功した人、大きく成長した人で失敗のなかった人は一人もいません。「もっとやっておけば……」「あのときこうしておけば……」。後悔と言い訳だけの人生だけは絶対に避けてほしい、そう思います。

あなたの前には無限の可能性が広がっています。恐れることはありません。胸を張っていこう。

たった一度の人生のために――。

やがて人生を共にする人たちのために――。

令和3年3月　　山形琢也

第2章

まずは小さな「信頼」を勝ち取りなさい

第3章 仕事をするならば徹底してプロであれ

第4章

人に強く、優しくなりなさい

第5章

常に自分を磨きなさい

第6章

人生の主導権は自分が握る

装丁・本文デザイン　池上幸一
編集協力　本間大樹

第1章

最初にあなたに伝えたいこと

まず自分！
すべてはここから始まる

社会に出るということは〝自由になる〟ということ

若い人たちと話していると感心することが多い。パソコンやスマホを器用に扱い、膨大な情報を一瞬で自分のものにしてしまう。ＬＩＮＥやツイッターでのやり取りですぐに仲間とコミュニケーションを取ることができる。

だからでしょう。若い人たちはバランス感覚が優れています。素早く状況分析し、その場の空気や流れを察知する能力は、おそらく私たちの世代の人間の何倍も感度が鋭い。

でも、それが逆に若い人たちの弱点になっている部分もあるような気がします。周囲の反応を気にしすぎて、自分を抑えることが多いのでは？

上司や先輩の目線だけでなく、若い人たち同士、横の目線を気にしている。

私は講演などに呼ばれて話をするとき、必ず話してきた言葉があります。

「まず自分！　すべてはここから始まる」

いよいよ社会に飛び出すあなた。新たな環境でいろんな人に会い、必死に手探りしていることでしょう。社会に出ることは本来〝自由になる〟ということ。親の庇護から離れ経済的に自立する。自分でお金を稼ぎ、自分で人生の方向を定める。

社会に出るということは決して自分を殺すことでも、自由を手放すことでもありません。自分を活かし、個性を発揮することで、自分の生きていく道、存在意義を見いだすことだと考えます。

自分の人生なのだから、自分を生きよ！

たいていの大人は社会人としての自覚を持って、社会のため、組織や会社のために頑張れと言うかもしれません。でも私は逆です。

膨大な情報が溢れ、人も世の中も時間もすごい勢いで私たちの周りを通り過ぎていく。**周りばかり見ていたら、あっという間に流されてしまうのが現代**です。**情報感度が鋭くて、空気を読むのが上手な若い人ほど、そのリスクが高い**と思う。

あなたが一番好きなものは？　あなたが一番したいことは？　あなたが一番大切にしているものは？　あなたが一番望んでいることは？

ひと言で言うならば、「あなたはどういう人間か？　何者であるか？」ということ。

ここが曖昧なまま、どんなに仕事を頑張っても、どんなに人間関係をたくさん作

って も、納得した人生を送ることは難しい。

この世に生を受けたからには、どんな人生であったとしても最後には「ああ、自分は自分の人生を精いっぱい生きた」と納得したい。誰もがそう思うのではないでしょうか？　ところが社会や世の中に流されてしまい、自分の人生なのに「自分を生きていない」大人も多いのです。

まず自分！

膨大な情報と同調圧力の高い今の時代だからこそ、そして今まさに社会に飛び込もうとしている若い人たちだからこそ、この基本を忘れないでほしいと思います。

仕事1年生
うまくいく
コツ
01

空気を読むのが上手というのは諸刃の剣。
自分を一番大切に、という基本を忘れずに！

自分の人生の主役を、他人に奪われるな

自分の物差しで判断して行動できるようになろう

自分からすべてスタートする。それは自分勝手とかわがままというのとは違います。周りの人のことを考えず傍若無人に振る舞うことではありません。

自分の価値観を明確に持ち、行動や判断を行うということです。他人の評価や基準で自分を判断するのではなく、自分の中の基準、物差しで判断するということ。社会のルールや掟に従うのも、自分を抑えて人に従うのも、他者から強制されて

行うのではなく、あくまでも自分の意思と考えで行う。自発性と自主性を基本にするのが「自分からのスタート」ということです。

会社から言われたから、上司から指示されたから、世の中の動きがそうなっているから……。付和雷同《ふわらいどう》しているだけでは、自分をどんどん見失っていってしまう。

たった一度与えられた人生、自分自身が主役でなくてどうしよう。

社会人になるということは「自分が自分の人生の主役になる」ということ。ところが、早々にそれを放棄してしまう人もいます。

自分を失くし、自分を出さずに生きれば、それはそれで社会や組織の中で生きていくことはできます。でもそれじゃあ、あまりにも寂しい人生じゃないでしょうか？

この世に生まれてきた証しとして、これが自分の生き方だ、これが生きざまだと言えるような人生を送りたい。

いつしかそれが、誰かのせいでこうなってしまった。誰かのせいで望んだようにできなかったと愚痴をこぼすようになってしまう。会社のせいで、上司のせいで、言うことを聞かない部下のせいで……。

居酒屋で愚痴を言い合う人にはなるな

今はなかなか行く機会がないと思いますが、夜の居酒屋には、そんな被害者意識の塊のようなビジネスパーソンがいます。**自ら人生の主役になることを放棄した人たちほど、恨み節、嘆き節が多くなる。**

私はあなたに、彼らのようなため息と言い訳ばかりの人間になってほしくない。

仕事柄、私はいろんなビジネスパーソンと会ってきたけれど、成功している人、成果を上げている人たちは、間違いなく、すべて自分の人生という舞台の主役を堂々と張っている人たちです。

彼らの共通点は自分が好きなことを仕事にしているということ。**誰かに言われてやらされているのではなく、自らの意思と希望に従って仕事をしている。**かといって独善的ではなく、社会のルールや人間関係の基本はしっかり押さえる。

人生の主役を立派に演じている人は魅力的です。だから多くの人が協力者になる。するとさらに輝きが増してくる。そんな人生と生き方を、ぜひあなたには目指してほしいのです。

仕事1年生
うまくいく
コツ
02

堂々と人生の主役を張る人は魅力的。自らの意思と希望を持って仕事をしよう

頭で考える前にまず行動！「先行後知」を実践しよう

仕事1年目は「先行後知」！

中国の古い言葉に「先知後行《せんちこうこう》」というものがあります。むやみに行動する前に、しっかりと考えてから行動に移しなさいということ。でも、私はこの考え方に異議を唱えたい。

しっかり、じっくり考えているうちに、行動するべきタイミングを失ってしまう。そういう人が実は多いのでは？

「先行後知《せんこうこうち》」。むしろこちらこそ私にとっての真理だと言いたい。まず行動する。頭で考えるよりも行動に移す。そこから新たにわかる事実がある。それに合わせて修正していく。

もちろん失敗もあるけれど、それこそ貴重な学びでしょう。つたない人生そのものだったけれど、だからこそ血肉になった実体験、知恵があると自負しているのです。

私がこれまで学び、身に付けてきたことのほとんどは書物ではなく、自分の実際の行動であり体験からです。

行動は、自らの気づきを導いてくれる。
行動は、物事の因果関係を鮮明に示してくれる。
行動は、具体的な改善に導いてくれる。

つまり行動こそ、結果と真理を明確にする唯一の方法。

私は哲学者ではありません。ただし行動による実体験から身に付けた自分なりの考えがあります。

本に書いてあること、ネットで得た情報はしょせん他人からの情報だけど、**体験というフィルターを通したものはあなた自身のオリジナル**です。

若い人たちこそ、「先行後知」を実践してほしいと思います。それを積み重ねることで、自分の役割を確立し、自分の人生の意義を知る。そんな生き方をしてほしいと思っているのです。

仕事1年生
うまくいく
コツ
03

失敗も貴重な学び。若手のときこそ「先行後知」でどんどん行動しよう

行動があなた自身の人間性を映し出す

行動＝あなた自身のアピール

行動は常に明らかなものです。あなたがどんな考えの持ち主で、どんな性格で、実力がどれくらいか？　どれだけ言葉を尽くして他人に説明するよりも、あなたの行動が、あなたという人間を浮かび上がらせ、あなたという人間を証明するのです。

朝遅刻せずに出社する。クライアントとの約束や職場の決まり事を守る。真面目に誠実に人や仕事と向き合う。一生懸命努力して成果をあげる……。

あなたの一挙手一投足、日々の行動が、あなたという人間そのものなのです。
どんなに理路整然と理屈を並べても、行動が伴わなければ社会では通用しません。口先だけの人間は、ビジネス社会においてはいずれスポイルされます。
行動は常に具体的な結果を伴います。成功するときもあれば、失敗するときもある。行動はその両方を受け止めることにつながります。

行動なしに信頼は得られない

大事なのは失敗したとき。失敗を真摯に受け止め、向き合い、改善に向かっていく。**失敗から学び、成長する。それが失敗の責任の取り方の一つ**。真摯で前向きな姿勢が、周囲の信頼を勝ち得ていくのです。

行動⇩結果⇩責任⇩信頼

仕事1年生
うまくいく
コツ
04

行動はあなたを映す鏡。たくさん行動して、多くの人の信頼を得よう

行動することによって結果が出る。成功にしても失敗にしてもそこに責任が伴う。その責任を全うすることで、周囲から信頼を得ることができる。

信頼が高まれば、さらに行動範囲を広げることができるでしょう。するとさらに結果と責任が生まれ、それをクリアすることで、より大きな信頼へとつながる。

行動と信頼は不即不離《ふそくふり》。逆に言えば**行動しない人間は、いつまでたっても周囲からの信頼は得られない**。また、たとえ行動したとしても、結果の責任を取れない人も、やはり信頼は得られません。

社会に出たばかりのあなたは、これから仕事を通じて多くの体験をして、多くの人と出会うでしょう。勝負はどれだけ多くの人たちの信頼を勝ち得るか。

そのためにもまず行動すること。その結果に真摯に向き合うことだと思います。

好奇心が人とのつながりを増やす

社会に出てからの勉強こそがうまくいくカギ

人生いくつになっても勉強。これは真理です。学生時代はまさに勉強の時代。人間としての、あるいは社会に出るための基礎的な学力や教養を身に付ける。ただし、私からすれば、社会に出てからの実践的な勉強のほうがはるかに重要になります。

むしろ社会人になってからが学びの本番。社会に出てうまくいく人は、決して学歴の高い人ではなく、社会に出てからよりたくさん学んだ人です。

もちろん勉強会やセミナーなどに通ったり、語学を学ぶのも勉強でしょう。でも、それだけでは足りない。

仕事を含めた日常生活のすべてが学びの場であり、テキストなのです。朝起きて、電車に乗って会社に行くまでの時間。職場で仕事をしている時間。家に帰って寝るまでの時間……。すべての時間、すべての場面で勉強するきっかけがある。

だから社会に出てからの勉強は面白い。興味や好奇心が尽きません。その喜びを知った人が結果を出し、認められていくのです。

好奇心が興味を広げ、人とのつながりをも広げる

日常目に触れるもの、関わっていることの中でも、実はよく知らないということがたくさんあります。それを「どうなっているのだろう?」「どういうものなのだろう?」とちょっと時間をかけて深堀りしてみる。

すると意外な事実がわかり、さらに興味が増してくる。

私の場合は辞典やら何やらで調べますが、皆さんはすぐにＰＣやスマホで検索して調べることができます。

好奇心があれば、社内外問わず、いろんな人に興味が湧くでしょう。職場の人間関係、取引先や営業先の人たち、勉強会や趣味で知り合った人物……。

興味が湧けば近づこうと自然にアプローチするようになります。行動により関係が生まれるのです。

好奇心⇩興味⇩行動（アプローチ）⇩関係

たとえば仕事で得意先の人と話をして、その人物の出身地を聞いたとしましょう。帰った後で、ネットでも本でも、その県のことを色々調べてみる。するとその県の地理や歴史など、興味がさらに広がるはずです。

かつて、私の得意先に山登りが大好きな人がいました。私も最初は雑談のために山のことを色々調べました。それが高じて、いつしか私自身、山登りが趣味になってしまった。

日常のありとあらゆることが学びのきっかけになり、新しい知識と情報の窓口になるのです。そういう気持ちで外に出て、人に会えば、世界が広がり、好奇心がさらに湧いてくる。すると人とのつながりが増え、そのつながりがその人の財産に、力に、そして自分を変えるキッカケにもなる。そうすることで、あなたはまた強くなれます。だから仕事ができる人はみな人とつながるのが上手な人なのです。

さて、ここまで1章では私の基本的な考え方と行動原理をお話ししました。

次ページには改めて、私がこれから社会に出る人、社会に出てまだ間もない人、いずれにも伝えたいメッセージをまとめました。

社会に出るということは、**自分を殺すことではなく自分を活かす**こと。
社会に出るということは、**自立し自由を手に入れる**こと。
社会に出るということは、**学びを広げ深める**こと。
社会に出るということは、**好奇心をかき立て、生きるエネルギーを得る**こと。
社会に出るということは、**人とつながり自分を知る**こと。
社会に出るということは、**自分を変え、強くしていく**こと。

2章以降では、いよいよ具体的、実践的な方法をお話ししていきたいと思います。

仕事1年生
うまくいく
コツ
05

すべての場面に勉強するきっかけがある。まずは色々なことに興味を持ってみよう

第2章

まずは小さな「信頼」を勝ち取りなさい

まず直属の上司の信頼を得ることが先決

いきなり成果はあげられなくても

行動こそあなたの心、人間性を示します。百の理屈より一つの行動。それが求められるのが社会という舞台。この舞台であなたはどんな役割を演じることになるでしょうか？

名優とは、常に自らの役割とキャラクターを熟知しているものです。深みあるその演技によって、多くの人を感動させ賞賛を得る。

この構図は仕事でも同じです。そもそも「演技」は英語でＡｃｔであり、それは「行動」とも訳します。

行動によって自分自身を明らかにする。それによって信頼（観客の賞賛）が生まれる。

行動⇩自己証明⇩信頼

この流れとスパイラルを作ることができれば、あなたの評価も実力もともに上がっていくでしょう。それによっていずれ社会と人生の舞台の主役に上り詰める。

社会に出たばかりのあなたは、まず誰よりも、直属の上司から信頼されるようにならなければなりません。

ただし、新人のあなたがいきなりビジネスで成果をあげることは、そう簡単ではありません。

まず上司から言われたことを確実にこなす。新人として決められたことを確実にやる。そして日々の仕事の内容と結果をしっかりと上司に報告する。それが仕事の第一歩。最初は端役《はやく》でも、それをしっかりこなすことでだんだん大きな役が回ってくるのと同じです。

たとえば上司からクライアントに挨拶に行けと言われた。すぐに準備を整えて挨拶に行き、「むこうの部長さんがよろしくとおっしゃっていました」などと、しっかりと報告する。細かい業務を確実にこなすことが、「なかなかできるな」「しっかりしているな」という安心感、信頼感につながっていくのです。

新人はどれだけ早く直属の上司から信頼を得られるかが勝負です。

信頼を得たほうが、楽で有利

実はかくいう私自身、これができずに痛い目にあいました。画材メーカーで働いていた頃、叔父さんの会社ということで甘えもあったのでしょう。上司の言うことを聞かなかった。

当時営業でしたから、当然日報を書いて提出しなければなりません。そのときの上司は日報を出してもほとんど見もせずに、ハンコを押して回すだけ。「そんなもの意味がないじゃないか」と私は出さなかった。

あまりに言うことを聞かないから、外回りから帰ったら私の机に「山形、日報を出すように」とメモが貼り付けてあった。カチンと来た私は「そのうち出します」と書いて上司の机に貼り返した。いまから思えば若気の至り。申し訳ない気持ちでいっぱいですが、当時の私は勘違いもはなはだしかった。

当然その上司との関係は最悪です。**ビジネスパーソンとして一番避けるべきは上司との衝突**。上司との関係がギクシャクすれば、日常の仕事すべてが非常にやりにくくなる。精神衛生上もよくない。そのロスを考えたら、まずどんな上司であれ、信頼を得て可愛がられるほうが楽だし有利でしょう。

最初は謙虚にならなければいけない。できなかった私が言うのは説得力がない？

けれども「失敗事例」として、あなたに学んでほしいのです。

一番よくないのは何か？　最初が肝心だからと勘違いして、無理して自分を大きく見せようとすること。自分はこれだけできるとアピールし、背伸びをすること。

そんなものは、すぐに見透かされ、「可愛げのないヤツ」「口先だけのヤツ」とマイナスの烙印を押されてしまいます。

謙虚に素直に上司や先輩の言葉を聞き、言われたことをまず確実にこなす。すぐに行動に移す。そしてしっかりと報告をする。信頼はその地道な積み重ねから、勝ち取るものなのです。

仕事1年生
うまくいく
コツ
06

上司との関係悪化はデメリットだらけ。仕事を地道にこなして信頼を得よう

挨拶は先手必勝

先に挨拶するだけでアピールになる時代

挨拶は大事。そんな当たり前のことを言うのは気恥ずかしい。挨拶は子どものときから身に付けているべき「常識」だと思うから。社会人になって改めて言うことじゃないと私は思っていました。

ところが最近は大人になっても、挨拶が苦手な人が多いそうです。編集者が言うには60代、70代のシルバー世代にもろくに挨拶できない人がいるとか。朝、ゴミ出しに行っても、顔をそむけるようにしてそそくさと行ってしまう人が多いそうです。都会のど真ん中ならまだしも、地方都市の住宅街でさえそうだというから驚いてしまいます。

団塊の世代以降、社会生活の基本的なマナーがおろそかになってしまいました。そしてその世代の子どもたちも、親からしっかりと教育を受けていない。親が挨拶している姿を見たら、自然に子どもはそれが当たり前のこととして身に付くはずだと思うのだけど。だからこそ、

「挨拶は先手必勝」

若い人たちにはこの言葉を贈りたいと思います。近所の人でも会社の上司や先輩、同僚でも、朝、顔を合わせたら即座に挨拶する。変にタイミングなど考えなくていい。まして相手が挨拶してくれるのを待っていてはいけない。とにかく自分が先に相手に挨拶する。

近所の人でも誰でも、にこやかに先に挨拶してごらん。向こうは逆に先を越され

てしまった負い目が生まれる。そして急いで挨拶を返してくるだろうけど、あなたの勝ち。ただし向こうは軽く負い目は感じても、決して不快な気持ちにはなりません。

先手を打つことで主導権を握ることができます。**挨拶は先手を打つことで、自分を印象付けアピールする武器になる**のです。

引っ込み思案な人ほど、意識的に行動しよう

新人であれば挨拶の印象のいい人は、それだけでもう周囲の覚えがよくなります。明るく元気よく挨拶するのがベストですが、人によってはなかなか明るい笑顔が作れないという人もいる。そういう人は無理する必要はありません。とにかく自然に自分らしい形で挨拶すればオーケーです。

引っ込み思案な人でも、積極的な行動を意識することで、行動パターンを変えることができる。ポイントは意識的、意図的に行動すること。それを繰り返すうちに

習慣化できます。
するとあいさつだけでなく、その他の行動も自然に積極的になっていきます。一つの行動を意識的に変えることで、他の行動が自然に変わっていく。

「自分はこういう性格だからダメだ」ではなく、それならばなおさら意図的に自分の行動パターンを変えていくのです。性格の根本は直せなくても、行動が変われば相手の印象は変わり、状況も関係性も変わるのです。

仕事1年生
うまくいく
コツ
07

挨拶をはじめ、積極的に行動することで周囲からの印象もよくなり、関係性も変化する

仕事もすべて先手必勝がポイント

先手必勝が身に付けば、時間も守れて準備もバッチリできる

先手必勝が習慣として身に付いたら、これは強い。

まず時間を守ることにつながります。約束時間に相手よりも早く待ち合わせ場所にいる。これもある意味の「先手必勝」。相手より遅いと、たとえ時間通りだったとしても、引け目を感じてしまいます。

実は私もセミナーを開催するときなど、誰よりも先に会場入りしていました。そして会場のつくりや広さなどを確認し、参加者の名前と座る場所などをチェックしていました。参加者がそのあと入ってきますが、私が先にいると誰もがびっくりしていました。

そのサプライズも先手必勝。「この講師はやる気があるな」「真剣だな」と感じるでしょう。するとセミナーのスタートの雰囲気から変わってきます。

できる新人は、小さな「先手」の積み重ねから

たとえば営業でこれからある人と会うことになった。上司でも誰でもその人に関して知っている人がいたらどんな人か聞いておく。出身県や出身大学、趣味や好きな食べ物など、その人の情報を集める。

いまはネットで何でも調べられますから、さらに関連情報をどんどん広げて増やしておく。出身地の地理や歴史、最近の状況。趣味に関しての知識……。中には自分と重なる部分があるかもしれない。そうすれば会ったときに会話が面白いように

弾むでしょう。こういう準備も、ある意味での「先手」です。

上司に会議用の書類のコピーを20人分取っておくように頼まれた。単にコピーして会議室のテーブルの上にドサッと一緒くたに置いておくのと、一人分ずつクリップで留め、一部ずつ席の前に置いておくのと、どちらができる新人か？

当然後者ですが、一人ずつまとめておこうとか、席の前に置いておこうと考えるのは、ある意味、先手を打つこと、先回りして考えるということです。

先手必勝。**挨拶から日常の業務まで、常に先手を打つことが信頼につながる**と心得てほしいのです。

仕事1年生
うまくいく
コツ
08

常に先手を打つことで、信頼や評価が高まる

仕事は質よりもスピード。まず締め切りを守ることから

上司が見ているのは、質よりも期限を守れるかどうか

仕事はスピードが命。もちろん正確性や確実性、質も問われますが、私は何よりスピードこそが大切だと考えています。

どんなに質がよくても、納期に間に合わなければ意味がありません。逆に質的には平均点でも、予定より早く仕上げて上司に提出したら、評価は高まります。

上司にとっては部下に任せた仕事がどうなっているか常に気になるものです。特に新人の場合、質など最初から期待していません。まずチェックしているのは期限をちゃんと守れるかどうか。

多少出来が悪くても、早めに提出していれば、上司が修正することもできる。あるいは本人にもう一度やり直しをさせて勉強させる時間もあるでしょう。

新人のあなたが仕事を任されたら、**とにかく期限を守ること。できれば期限より早く仕上げること**です。

とにかく早くやり始める

ここでも大事なことが先手必勝の精神。

ポイントは「仕事の取りかかり」を早くすること。

仕事自体のスピードはいきなり速くできるものではありません。それには経験と慣れが必要。新人に期待するのはまず難しい。ただし、その分仕事の取りかかりを早くすることで、完成までの時間を少しでも早めることができる。

仕事の取りかかりを早くする最大の敵が「先延ばし」です。クライアントへのアポどりをつい面倒で先延ばしにする。企画書の作成に取りかかる気持ちになれず明日やろうと考える……。

仕事の各段階で1日ずつ後れを取ると、総体的にかなりの日数がロスになります。アポを1日延ばしただけなのに、先方がその日から休暇に入り連絡がつかず、数日間仕事が動かなくなってしまう。そういうことが多々あります。

どうしてもつい先延ばしをしてしまうという人もいるでしょう。そういう人は自分の予定や行動を周囲に宣言、告知することも手です。

「来週頭に必ず企画書をあげます」

「クライアントの了解を今週中に取ります」

など、自分の行動を宣言するのです。

公に宣言したからには責任が生まれます。それを達成できなければ格好が悪いし、信用も失ってしまう。あえて負荷をかけることで先延ばしを防ぐことができるはずです。

仕事1年生
うまくいく
コツ
09

新人に求められるのは質よりスピード。先延ばししないよう、周囲に期日を宣言しよう

社会に出たら抽象論を捨てて具体論でいく

新人時代には特に具体論が求められる

社会に出たら抽象論は不要です。学生時代までは将来のことや人生のことについて、ときには友達と抽象的な議論をすることもあったかもしれない。論文や研究などで抽象的な思考が必要とされたこともあるでしょう。

しかしビジネス社会は売り上げや利益といった数字が基本。成果をあげるために抽象論は求められていません。

　これが役職が上がって部長になり、役員になれば、事業の全体と方向性を定めなければならないので、抽象論が必要になってきます。しかし、現場の第一線で成果を求められる若い世代、特に新人には具体論が求められるのです。

「営業を一生懸命頑張ります」

「できるかぎり努力します」

「売り上げを一気に上げます」

　いずれの言葉も抽象的であいまいです。

営業ならば「これまで1日10軒回っていたのを15軒回ります」と具体的な数字を示す。

売り上げなら「これまでの売り上げの1・5倍を目指します」と数値化する。

　具体的に数字にすることで、明確な目標になります。するとこれまでの行動をどう変えたらいいか？　どんな工夫をすればいいか？　というのがおのずと見えてきます。それが見えたら、もはや目標は半分達成できたと同じ。あとはそのように行動するだけです。

仮に目標が達成できなければ、何が足りなかったかを検証、反省する。そして次の行動につなげる。

具体的に考えることが次の行動へとつながっていく。それを積み上げることで信頼を得ることができるようになるのです。

ごまかし続けたまま歳を重ねた人の末路とは

思えば私など、失敗の連続でした。ただし、その失敗を糧になんとか成長できたのは、常に具体的に考え、次の行動につなげたからだと思っています。

そこで抽象論で逃げていたら、いろんなごまかしをして現実と向き合うこともなかったでしょう。

30歳になり、40歳になったとき、ごまかしが癖になった人は大きなハンデを背負うことになります。

そういう人は言い訳と愚痴の塊。そんな人物に信頼は生まれません。つまり信頼を失うという非常に大きなハンデを担ぐことになる。

だから私は若いあなたに、常に具体的に考えること、具体論で考える癖をつけてほしい。そして信頼を勝ち得る人物になってほしいと思うのです。

仕事1年生
うまくいく
コツ
10

目標は具体的な数字で設定するなど、1年目から具体論で考える癖をつけよう

しっかりとした報告が信頼への近道

具体的な数字のない「ほう・れん・そう」は、意味をなさない

「ほう（報告）・れん（連絡）・そう（相談）」は若いビジネスパーソンの必須事項。上司の言うことも聞かず、日報を提出せずにいた私など、この基本ができていない典型例でした。その結果がすべて私に降りかかってきたのは第2章の冒頭（38～39ページ）でもお話しした通りです。

「ほう・れん・そう」はいずれも具体的な表現、客観的な事実が求められます。「今

日は10軒回りました」「売り上げは○○円でした」「クライアントから1週間後にさらに1グロスの追加発注がきましたが、どうしますか？」

すべて具体的な数字がポイントです。逆に**具体的な数字のない「ほう・れん・そう」は、ほとんど意味をなしません。**

主観と客観を区別して報告できれば、上司の評価がアップ

さらに似たような話として、報告と連絡においては「客観的な事実を伝える」ということが重要になります。

ありがちなのが報告に主観が入り混じること。

「課長、どうやら○○社は部署の予算を減らされるため、こちらとの契約を打ち切られるかもしれません」

こんな報告を上司にしたとしましょう。問題はどこからどこまでが客観的な事実であり、どこからが自分の推測や判断なのか？　この報告だけでは判然としません。

「部署の予算が減らされる」というのは事実なのか？　その話はいつ誰から聞いたのか？　契約を打ち切るというのは実際にむこうの誰かが漏らした言葉なのか、それとも報告者の推測なのか？

「課長、昨日営業で○○社の山田課長と昼食を一緒にとったのですが、その際、山田課長が『次年度予算が減らされそうだ』と話していました。そして『部署の事業がいろいろ縮小されるかもしれない』と話していました」と客観的事実を報告する。

その際、新聞記事と同じく、**5W1H（いつ、どこで、誰が、何を、なぜ、どのように）を明確にする**こと。

その上で、「私の推測ですが、こちらとの契約も見直される可能性があると思います」と自分の感想や推測を付け加える。

主観と客観をごちゃごちゃに報告すると、思わぬ誤解や間違った判断をしてしまう可能性があります。

主観と客観を明確に区別して上司に話すだけで、「なかなかできる奴だ」「しっかりしているな」という信頼感を得ることができるのです。

仕事1年生
うまくいく
コツ
11

報告の巧拙で、上司からの信頼度は大きく変わる

地味な仕事をどうこなすかを、上司は意外によく見ている

雑用に対する取り組み方も、上司が見ているポイント

会社の中で不要な仕事はありません。すべてが必要な仕事です。お茶くみだってコピー取りだって日常の業務に不可欠な仕事でしょう。地味だけれどもなくてはならない仕事です。

自分はそんなことをするために入社したんじゃないと考えるとしたら大間違い。コピーの取り方一つだって、どうやったら少しでも早くきれいに取れるか？　考え

ている人とそうでない人の違いは大きいのです。

たとえばある書籍の一部を何ページかコピーする。速さを追求する人は複写機の音の変化で、画像取り込みが終わったことを知り、コピー終了のサインが出る前に素早くページをめくって次をコピーする。

「コピーなんて」と、イヤイヤやっている人はその音の変化に気づかず、機械の指示通りに次をコピーするので結果として時間がかかってしまう。

上司は難しい仕事をどうこなすかより、お茶くみやコピー取りなどの一見地味でつまらなそうな仕事をどうこなすかを、実はよく見ているのです。

難しい仕事、大きな仕事は誰でも一生懸命に取り組むでしょう。差が出るのは日常のちょっとした仕事。特に新人の頃はそれが顕著に表れる。優れた上司ほど、その瞬間を見逃しません。

実は、この日常の地味な仕事の中にこそ、ビジネスのヒントがたくさん眠っている。

「使い走りこそ仕事の原点」

私はそう言っています。たとえば頼まれたコピーだって、社内外のいろんな情報が詰まっている。コピーを頼まれているのだから、自分用に一部コピーし、仕事の参考資料にしたっていい。

私なんか前の人がコピーして置き忘れていった資料を見て、これは面白そうだと思ったらちゃっかりコピーしていました。

仕事は教えてもらうものではなく、盗むもの。というのは昔も今も同じです。盗みは本来よくないことですが、上司や先輩の「仕事を盗む」のは、むしろ推奨されているのです。

電話番が会社の印象を左右する

あるいは新人であれば電話番を任される。ただ漫然と電話を受けるのではなく、声の主と相手の名前を覚える。それによって部署がどんなクライアントを持っているのか？　それぞれのクライアントの担当者は誰か？　こちら側の窓口は誰か？　意識していればすべて見えてくる。電話番一つでも得るものがたくさんあります。また、相手からしたら4月になると、「お、新人だな」と気づきます。それまでとは違うたどたどしい受け応え。**決して流暢《りゅうちょう》に話さなくても、まじめさと一生懸命さが伝われば、相手は好印象を持ちます。**

そういう意味では新人こそ、会社を印象づける存在だと言っていい。会社の印象は新人で決まる。そのことを胸にとめて、日々の業務をこなしてほしいと思います。

仕事1年生
うまくいく
コツ
12

地味な仕事こそ差が出るポイント。できる上司は注視している

メモを取るだけで、上司は安心する

「聞きなおし」は不信感の元に……

日常のちょっとした行動が新人であるあなたの命取りにもなれば、評価にも結びつく。このことを肝に銘じることです。

ちなみに私はメモ魔です。電車の中でも、食事をしているときでもメモを常に携えていて、気が付いたことがあればすぐにメモします。

面白いことも、仕事のヒントも、日常の生活の中にすべて眠っている。私は本を読んで知識を得るタイプではなく、生活と仕事の現場の中で実践的に学ぶタイプ。そしてビジネスにおいては、はるかにそのほうが有効だと考えています。

上司との打ち合わせ、会議でも、常にメモを取る癖をつけましょう。意外に人間の頭はいい加減です。そのときは絶対忘れないと思っても簡単に忘れてしまう。記憶違い、思い違いも結構あります。

大切な上司の指示を忘れてしまい、もう一度聞きなおすと「俺の話をちゃんと聞いているのか？」という不信感につながります。しっかりとメモを取れば安心だし、上司もそれを見て「ちゃんとメモを取っているな」と安心する。その安心が信頼につながっていくのです。

相手の顔と名前を覚えるのは、新人にとって重要な仕事

新人の大事な役割の一つとして、クライアントなど社外の人たちの顔と名前を覚

えるということがあります。

営業職の場合、最初にクライアントや関係者などに上司や先輩と一緒に挨拶回りをするでしょう。たくさんの初対面の人たちと名刺交換するだけでも緊張します。でも、多少ぎこちなかろうが気にする必要はありません。むしろそのほうが好感を持ってもらうことができる。

目的は上手に名刺交換して流暢に自己紹介することではありません。**あなたの一番の仕事の目的は、相手の顔と名前をできるだけ覚えること。**

1日にたくさんの人と名刺交換をすると、なかなか覚えきれるものではありません。そこで一つの方法として、その人の特徴を名刺に書き込むというのがあります。

会った直後、昼食や休憩のとき、移動時間などで、もらった名刺に日付と相手の特徴を書き込むのです。「背が高く痩せている」とか「目が大きく眉が太い」といった容姿に関することから、「明るくて声が大きい」「よく笑う」などの性格的な特徴をひと言書き込んでおきましょう。それだけでずいぶん記憶に定着します。

さらに出身県や趣味など、会話の中で明らかになったことなどをひと言書き込んでおく。そして後で名刺を確認し、出身県や出身大学、趣味に関して情報を集めておく。そうすれば次に会ったときでも会話を広げていくことができます。

仕事1年生
うまくいく
コツ
13

すぐにメモして記憶に残すことが、社内でも社外でも信頼につながる

失敗はむしろ飛躍のチャンス！

会社も上司も新人の失敗は想定内

ある会社の部長が話していたのですが、若い世代の人たちは失敗をしないよう慎重に仕事をする傾向が強いとか。堅実であることは決して悪いことではないですが、失敗を恐れるあまり小さくまとまってしまうのは残念なこと。

逆に私がもう少し今の若い人のように賢かったら、きっと違う人生を歩んだことでしょう。いま思うと、申し訳ないくらいに上司の言うことを聞かず、そのために上司に疎まれ、会社を辞めざるを得なかった。独立したかったというよりも、そうせざるを得なかった部分が私にはあったのです。

そんな生き方が、読者の皆さんすべてに参考になるとは思いません。けれどそれによって嫌でも身にしみた、ビジネスの「普遍の真理」というものもあります。

その真理の一つが、**「失敗こそ成長の糧」**だということです。

特に若い人たちが**最初からすべてうまくいくなどということはなかなか考えにくいこと**です。会社も上司もそんなことを期待していないはず。それよりも将来、より大きく育ってくれることを望んでいるはずです。

失敗した後の対応次第で、逆に信頼度が上がる

1章でも少しお伝えしましたが、仕事に失敗はつきものです。もちろんそれをなくそうという努力は必要ですし、ノーミスを目指すのが仕事でもあります。ただし人間は完全な生き物じゃない。必ず誰でもどこかで失敗をしてしまいます。

大切なのは素直であること。

こまごまとした言い訳や言い逃れをせず、自分の非を認め、なぜ失敗したかをしっかりと反省する。他人のせいにしているうちは成長はありませんが、自分のこととして受け止めたとき、大きな成長の足がかりが生まれます。

自分がミスした理由、自分に足りなかったことを認識し、今後はその点を改めるようにする。再発防止のために何をするか、そこまで上司に宣言する。

「課長にご指示いただき、本当に勉強になりました。自分の足りない点がよくわかりましたので、以後は気をつけます」

失敗に対する真摯な姿が、逆にあなたの信頼度を高めることにつながるのです。

仕事1年生
うまくいく
コツ
14

ミスが許される新人時代にこそ、自分のミスに真摯に向き合おう

上司の不安を取り除くことが大事

不安を解消していくのが、新人の一番の仕事

若いあなたたちに対して、上司は期待を抱いていると同時に不安も感じています。

「職場に順応できるだろうか？」

「テキパキと仕事をこなせるだろうか？」

「どんな能力があるのだろうか？」

「やる気はどれくらいあるだろうか？」

あなたが仕事や職場に「？」ばかりであると同様に、上司も同じようにあなたに対して「？」の塊なのです。

本章でお話ししてきたように、まず**上司の不安を一つ一つ解消する**こと。そして**「？」をできるだけ減らす**こと。その作業が新人の一番の仕事だと言っていい。それが小さな信頼へと結びつき、あなたへの評価となるのです。

「あいつはちゃんと外で仕事をしているのだろうか？」という上司の不安には「ほう・れん・そう」をしっかりやることで、解消する。

「あいつはちゃんと俺の話を聞いているだろうか？」という不安には、メモを取り、言われた仕事をしっかりとこなすことで安心させる。

「あいつは本当にやる気があるのか？」という疑いには、コピー取りや電話番など地味な仕事にも自分なりに工夫して、目的意識を持ってやることで疑問を晴らす。

不安を取り除くことで、信頼が積み重なっていく

新人のあなたは**いきなり仕事で成果をあげるのではなく、まず上司の小さな不安や疑問を取り除くことで、信頼のかけらを集め、積み重ねていきましょう。**

実はこれができず、人生の回り道を随分させられたのが、何を隠そうこの私です。素直に言うことを聞いていれば、もっと会社で出世していたはずなんですが……。

あなたは私と同じ道を歩む必要はありません。私の経験を土台、踏み台にして、あなたの大いなる可能性と未来を自分のものにしてほしいのです。

自分を大きく見せる必要はありません。背伸びして大きな仕事をしようとする必要もありません。

上司や先輩、得意先など、周囲の小さな信頼を勝ち取ること。その一歩を確実に踏み出すことが新人であるあなたの使命であり、役割＝仕事なのです。

仕事1年生
うまくいく
コツ
15

大仕事をやってのけようと思う前に、上司の不安を解消することを考えよう

第3章

仕事をするならば徹底してプロであれ

仕事のプロになるための7か条

プロとは自らの意思で行動し、実績を残すことで会社だけでなく社会に貢献すること。そしてその仕事によって自らを磨き、自らの価値を発見し高めていくこと。すなわち仕事によって社会の価値と自分の価値、いずれも高めていくことができる人、仕事によって自分自身を発見し、人生を自分のものとすることができる人のことを言います。

仕事のプロを目指すためにどうすればいいか？　もちろん一生懸命仕事を覚え、成果や利益を上げ、会社や社会全体に貢献する人間になることが大前提。ただし、ただがむしゃらに頑張ればいいということではありません。私自身、仕事をする上で気をつけているポイントがあります。その7か条を以下で紹介しましょう。

①しっかりとした目的意識を持つ

プロであるからには、漫然と仕事をするということはあり得ない。何のために、誰のために、どんな仕事をするべきかをはっきりと認識していなければならない。

会社によっては社是や社訓として明確にしているところもあるでしょう。組織としての目的や目標を意識するとともに、自分自身の中でもどんな仕事をするか、するべきか。明確に意識することが大事です。

新人のあなたなら、まずは会社の組織のルールや人間関係などを見極め、仕事を覚えること。上司の指示に従って結果を出し、上司や先輩の信頼を得ることがまず第一です。それをクリアしたうえで、自分が組織の中でどういう役割を持ち、どう動くべきかを認識することが大事です。

②「行動なくして結果なし」を徹底する

人は変わることができます。ただしそれは行動することで初めて変わるということ。いくら頭の中で反省し、悔いても変わることはできません。

変わるとは成長することと同じです。行動することで結果が出ます。その結果が人を少しずつ変えていく。それが成長となるのです。

仕事もまた行動以外の何物でもありません。ビジネスの現場に評論家は不要なのです。営業職であれ事務職であれ、仕事の成果は常に行動の結果です。

行動なくして結果なし。

このことを徹底することがプロになるための第一歩です。

③常に「現状認識」と「状況把握」を徹底する

仕事の状況、現場の状況がいまどうなっているのか？　どうなりつつあるか？

常に客観的に把握しておく。自分の仕事の進捗状況がどうなのか？　遅れているならばその理由は何か？　改善するべき点があるとしたらどこなのか？　自分の力ではどうすることもできない要素があるならばどこなのか……？

自分の仕事とその環境や状況を客観的に把握すること。そして上司に聞かれたときに即座に答えられるよう、常日頃から言語化しておく習慣をつけましょう。

④客観的に物事を分析する

状況把握から決断、改善、実践のサイクルの中で大事なのが客観的な分析です。自分の主観的な判断を基準にしてはいけません。数字や事例など客観的な事実やデータに基づいて、誰もが納得し得るものでなければなりません。

感情的で主観的、希望的な判断は間違いのもと。売り上げや利益の推移、顧客の推移などのデータに根差した判断を行うことがプロの姿勢なのです。

⑤決断、改善、実践を徹底する

仕事の現状と状況把握ができたら、今度はそれに対して行動と実践あるのみ。状況に対して自分がどうするべきかを反省し決断し、改善策を考えてそれを実践する。

状況把握⇩反省⇩決断⇩改善⇩実践⇩状況把握

このサイクルを回すこと。それによって仕事はい結果に向かっていきます。そして自分自身が磨かれていくのです。

③の現状認識と状況把握、④の客観的な分析と合わせて、この一連を専門用語で状況管理＝シチュエーションコントロールと呼びます。仕事ができる人は押しなべてこのシチュエーションコントロールができる人と言っても過言ではありません。

⑥常に挑戦する気持ちを持ち続ける

改善するということは現状維持から抜け出すこと。人間は弱く怠惰な生き物だから、放っておけば現状維持で済ませようとしてしまう。それに甘んじることなくあえて改善に向けて努力しなければなりません。

そこで必要になるのが挑戦するという気持ちです。挑戦するということはそれまでのやり方とは違うことをすること。すなわち新しい領域や世界に飛び込むことでもあります。

前例のない領域に足を進める。そこに必要なのが挑戦する気持ち＝勇気です。成功が確約されていたらそれは挑戦ではありません。挑戦とはリスクを伴うもの。ある意味、賭けと一緒です。リスクを恐れ、守りに入っていたら挑戦もできない。すなわち改善もできなければ自己成長もないということになります。

⑦どんな課題でもやり抜くという気概を持つ

プロは与えられた課題をやれるかやれないか、できるかできないかで判断しない。与えられた課題に対しては「やる」という選択肢しかないのがプロ。その結果がどうなるかを考えて躊躇したり、逃げたりするのはプロとは言えません。

特に新人時代は、上司があなたに無理な仕事を与えることはありません。なぜなら、それで大きく失敗したときには上司の責任になるから。上司から言われたこと、仕事の課題に対してはどんなことがあっても「やり抜く」という気概で臨むこと。

「無理です」「できません」「難しいと思います」……。

若いうちに逃げる言葉を覚え、それが習慣になってしまうと、一生本物のプロにはなれません。仕事で自分を成長させるどころか、仕事で自分をすり減らしていく生き方に堕ちてしまいます。そんな残念な生き方だけは、若いあなたにはしてほしくないのです。

仕事1年生
うまくいく
コツ
16

7か条を意識して、本物のプロへの道を歩もう

プロの仕事は準備で決まる!

情報収集と会話のシミュレーションは基本中の基本

仕事は準備が8割。準備こそ仕事そのものだと言っても過言ではありません。仕事がうまくいくかどうかは準備にかかっているのです。

準備といっても幅が広い。たとえば2章でもお話ししましたが、営業に行くとして、これから会う人がわかっているならば、できるだけその人の情報を集める。私は苦手ですが、インターネットやSNSなどでその人物を検索すれば、ある程度の情報を得ることが可能でしょう。

出身地や出身大学、趣味や好物などを調べておけば、話を広げることができます。そこから共通の話題を拾っていく。

相手の情報だけでなく、自分が営業しようとしている商品やサービスに関してもしっかりと勉強し、相手のニーズにどのように応えることが可能か想定しておく。相手から出てきそうな質問がどのようなものか？　あらかじめシミュレーションしておき、回答を用意しておく……。

このようなことはイロハのイでしょう。準備するということはそれだけにとどまらず、**あらゆることに対して「先回りする」**ということです。

結局、先回りと準備がモノを言う

私が最初の会社である画材メーカーで営業として勤めていたとき、新規顧客を開拓するために必死でした。

叔父が創業に関わった人物でそのコネ入社だったので、周囲の目を変えるには実際に営業で成果をあげなければなりません。「いまに見ていろ！」。そんな気持ちで営業に臨む日々。

目を付けたのがある小学校の図工の先生でした。この先生が小学校の画材の選定をする。すでに他社の画材を使っていたけれど、どうにかして自分の会社の画材を指定してもらうようにできないか？

私は学校職員名簿を調べ、先生の自宅を調べました。そして先生が学校から帰る時間帯を調べ、電車でその駅に着く夕方の5時半くらいに毎日駅前で待ちました。

何日かたったとき、ついにその先生が駅から出てくるところに出会いました。

「あれ？　○○先生じゃないですか？　営業でたまたまこちらに来ていたのですが、先生もご自宅がこちらですか？　いや偶然ですね！」

と言うと、「家近くだから、少し寄っていかないか？」という話になった。家に行くと奥さんと小さな子どもがいる。「おじちゃんは絵の具の会社なんだよ」といってクレヨンなどの見本をあげると子どもも奥さんも喜んでくれました。

そうやって関係ができ、結局次の年から1年生のクレヨンはすべて、他社のクレヨンではなく、私の会社の製品を導入してくれることになったのです。

その先生とはその後もいい関係を作ることができ、先生家族が夏休みに九州の実家に帰省するときに、「山形さん、悪いけどカギを渡すから、時々家に来て窓を開けて換気しておいてくれませんか」と言われるまでになりました。

仕事の成果も信用を得るのも、そもそも先回りして駅で偶然を装ったところから始まっているのです。準備を整え、先回りをすることで信用につながった。あなたたち新人も「準備」を心がけて、たくさんの信用を手にしてほしいと思います。

仕事1年生
うまくいく
コツ
17

事前の準備を欠かさないことが、より多くの信用につながる

仕事の優先順位の正しいつけ方

優先順位を決めれば、仕事は段取りよく進む

仕事には段取りが必要です。段取り一つで同じ仕事が1の労力でできることもあれば、10の労力がかかる場合もあります。プロは仕事に余計な労力を使わない。それは手を抜くこととは違うのです。**ムダなところに力を使わず、その分しかるべきところに力を入れる。**

段取りの一つが先ほどの準備です。準備をして仕事の手順を明確にしておく。不測の事態が起きたときどう対処すればいいかシミュレーションをしておく。準備は段取りの基本でもあるのです。

段取りのもう一つの基本は優先順位をつけること。仕事を緊急度の高さと必要度の高さの二つの軸でマトリックスを作り仕分けをする。すると、

A＝「緊急度も必要度も高い仕事」
B＝「緊急度は高いが必要度は低い仕事」
C＝「緊急度は低いが必要度は高い仕事」
D＝「緊急度も必要度も低い仕事」

の四つに分けられます。

最も優先しなければならないのは、明らかにA。次にこなすべき仕事はB。三番目はCで、最後にDだと優先順位がつけられます。

実は意外に大事なのがCの「緊急度は低いが必要度は高い仕事」。長期的な戦略や目標の中で、将来自分が達成したいという大きな仕事がこの部類に入ります。ですからAとBの仕事をこなしながら、確実にCの仕事をする時間を確保することが必要です。

ただし、新入社員、社会人1年生のあなたの場合はCの仕事に関してはまだ考えなくてもいい。とにかくAとBの仕事を優先的に精力的にこなすべきでしょう。

クライアントへの対応にも、優先順位をつける

優先順位と言えば、営業の場合はクライアントにも優先順位をどうしてもつけざるを得ません。もちろん対応はいずれにも丁寧に真剣に当たるのは当然ですが、クライアント数が増えてくると、どうしてもすべてに同じ時間と労力をかけるわけにはいきません。

そうなると、取引量が多いとか売り上げが高いものを優先せざるを得ません。時

間は限られているので、対応する時間を優先順位の高い順から取るようにする。

2・8の法則というのがあります。2割の顧客やクライアントが全体の8割の利益を生むというもの。実際、そんな配分に近いのが現実です。当然2割の顧客に労力や時間をかけなければならない。ただし、だからと言ってあとの8割をないがしろにしてはいけない。そのバランス感覚が大事になるのです。

ちなみに2割と8割を分ける基準は数字です。感覚や感情的なもの、好き嫌いではもちろんありません。

私の場合は売り上げと利益の額、それに過去から現在までのそれらの数値の推移を見る。その年の売り上げや利益という「点」で見るのと、前々年、前年の数字と現在の推移という「線」の二つで判断します。

売り上げが高くても数年前から右肩下がりであれば対応を考えなければならない。より営業に力を入れれば復活するものなのか？　それともクライアント自体が右肩下がりで、これ以上は難しいのか？　それによって営業の優先順位も自ずと変わるでしょう。

逆に今は低くても、将来性が見込めると考えられる数字の推移であれば、力を入れていくべきです。

いずれにしても、プロとして仕事の優先順位をしっかりつけるというのは、とても大切なポイントです。

仕事1年生
うまくいく
コツ
18

実務面でも、戦略面でも、優先順位をつける癖をつけよう

新人時代はとにかく量をこなせ

パフォーマンスは、ある日突然急上昇する

ただし、優先順位をつけて仕事をするのはある程度仕事を覚えてからの段階です。営業職なら顧客やクライアントをいくつか抱えるようになってから。

仕事1年目のあなたであれば、まず仕事に優先順位をつける前に、どんな仕事であれ前向きに一生懸命取り組む姿勢が大事でしょう。

若い時期はとにかくたくさん仕事量をこなすべきです。古い人間だといわれるかもしれませんが、仕事ができるようになるには、頭で理解する前に量をこなすことです。

量をこなしてある閾値《いきち》を超えると、突如として質的な変化が生まれる。仕事ができるようになるのは、**だんだんできるようになるのではなく、ある日突然グッとパフォーマンスが上がる**のです。いきなりステージが変わる感じと言ったらいいでしょうか。

それまでやたら時間がかかっていた仕事が、ある日気が付くと驚くほどスムーズに短い時間でこなせるようになる。

「企画書を書くのになぜあの先輩はあんなにたくさん、あっという間に書けるのだろう？」

とてもかなわないと思っていた領域に、ある日突然、自分が到達するのです。その驚きと喜びも仕事の醍醐味の一つです。あなた自身が自分の成長を実感する瞬間。

ただし、その瞬間は量をこなさなければ訪れません。やってもやってもなかなかうまくいかないけれど、ひたすら企画書を書く。ひたすら営業でまわる。するとある日突然、企画のツボや書き方が見えてくる。突然面白いように顧客が取れ始めるのです。

自分の心身と相談しながら、頑張ってみよう

いまは働き方改革で長時間労働を国を挙げてなくそうとしている。けれど仕事を覚えるべき若い時期は、私自身は9時〜17時の仕事だけでは物足りませんでした。20代はとにかく体力があります。1日の多くの時間を、まず自分が社会に出て最初に携わる仕事に費やしても絶対に損はありません。むしろ最初が肝心。若いときに多少苦労することで、さまざまな耐性もつきます。

ただし、そうは言いながら自分が一番。自分あってこその仕事であり、人生です。だから過労死するまで働くなんてとんでもない。自分の体の声、心の叫びに敏感にならなければいけません。

本当に辛いとか限界だと感じたら、それ以上は仕事をせずに休むことです。一番大切なのはあなたであり、あなたの心と体なのだから。それを損なったら本末転倒、元も子もありません。

そうでない範囲であれば、若い頃は多少の無理、無茶も大事な勉強です。自分に負荷をかけた分、あなたは伸びる、成長する。自分の成長を実感できる瞬間を、ぜひあなたに味わってほしいのです。

仕事1年生
うまくいく
コツ
19

自分に負荷をかけることで、急成長できる。でも限界だと感じたときは休もう

「得」を目指さず、進んで「損」をしよう

どんな仕事も、評価アップのキッカケになる

ビジネスはしょせん損か得か？　そう割り切ることも現実の姿の一つです。ただし、割り切って得を求めたとしても、なかなかそれが手に入らないのもビジネスの真実の一つ。むしろガツガツしないほうが結果が出るというのが、不思議な仕事の綾、人生の綾でもあります。

特に仕事1年生の若い人たちには得どころか、進んで損をしなさいと言いたい。

その損がゆくゆく将来のプラスになって返ってくる。そんな考え方を身に付けてほしいのです。

「損して得とれ」

昔から言われていた言葉です。まさに投資もこの言葉が当てはまります。投資は将来性を見込み、お金を出す。その時点では赤字ですが、投資先の事業が成功したり、株などが上がれば一気に黒字になる。

最初に損をすることはある意味投資だと考える。いまは損でも、その損が大きな得を運んでくる。

たとえば日常の業務でも、つまらないお茶くみやコピー取り、トイレ掃除など、「こんな仕事をして何になる」とか「こんな仕事をするために入社してきたわけじゃない」と考えるかもしれない。しかしそれは大きな間違いです。

2章でも触れましたが、お茶くみやコピー取り、トイレ掃除だって日常の業務の中で必要不可欠な仕事です。地味だけど大切な仕事。そう思って一生懸命に取り組む。工夫する余地、改善の余地はそんな仕事の中にだっていくらでもあるはずです。

前向きに取り組んでいれば、その姿は必ず誰かが見ているものだ。「天網恢恢疎《てんもうかいかいそ》にして漏らさず」。中国の古い言葉ですが、天や神様は見ていないようでいて実はしっかりとすべてを見ています。

天や神ではなくても、上司でも役員でも、経営者でも、あるいは同僚でも、あなたの行動は必ず誰かが見ているもの。「あいつは地味な仕事、皆が嫌がる仕事を一生懸命やっているな」「不平を言わないどころか、工夫して取り組んでいるな」。噂は評判になり、あなたの評価へと結びつくのです。

長い目で見て、自分のプラスになる行動を

嫌な仕事、避けたい仕事、つまらない仕事ほど、実はあなたの行動と人間をアピールする舞台なのです。そのときは辛いかもしれない。嫌な仕事かもしれない。だ

からこそ真面目に取り組めば「評価」という大きな対価となって、いつか返ってきます。

それを狙って取り組めというのではありません。一見マイナスの気持ちを起こさせるものこそ、真摯に向き合い取り組めば、返ってくるものは大きいということです。


以前、ある会社の本部長の人が話していましたが、若いビジネスパーソンの中にはやたら「それは私の仕事ではありません」「それは私の管轄ではありません」と、自分の仕事をきっちり区切る人がいるそうです。

仕事を簡単に引き受けてしまうと、頼みやすい便利屋になってしまい、損をすると考えるのでしょうか？　おそらくそんな損得勘定が働いている可能性があります。だけど私からしたらもったいない。そしてあまりにも近視眼的です。

自分ができる仕事であれば、頼まれたら進んで引き受ける。多少自分の受け持ちではなくても、それによって仕事を覚えることもできる。なにより「あいつは仕事に前向きだ」という後の評価に必ずつながります。

目先の損得に捉われず、長い目で自分のプラスになる行動を。それがプロになるための、遠いようでいて一番の近道なのです。

仕事1年生うまくいくコツ 20

進んで仕事を引き受けることで、後々の評価につながることもある

若いうちに「失敗」という投資をする

失敗は、100％リターンのある投資

損をするという意味では「失敗」も似ているかもしれません。あなたたちは失敗することと損することを、同義だと考えているのではないでしょうか？　だとしたら大きな間違いです。失敗するとたしかにイメージは悪いし、叱られることもあるでしょう。

しかし、人は何から一番学ぶことができるか？　そう、2章でもお伝えしたよう

に、成功体験ではなく失敗体験です。成功することよりはるかに多くのことを、切実に身に染みて学ぶことができるのが、失敗です。

今日の私があるのは数限りない若い頃の失敗体験でした。顔から火が出るくらいの恥ずかしい失敗があったからこそ、今の私があります。

失敗は人生の最大最良の投資です。

普通の投資はリターンがゼロかマイナスになる可能性がありますが、この投資だけは100％リターンが返ってくる。体験と学びという人生の尊いリターンが返ってくる。こんないい投資先にどうして投資せずにいられるだろうか？

失敗したくない、叱られたくない、仕事ができない奴だと思われたくない……。そんな気持ちから失敗しないように小さくまとまってしまう。そのときはマイナスにはならないかもしれないが、5年先、10年先、たくさん失敗の投資をしてきた同僚に、あなたは大きな差をつけられてしまうかもしれません。

若手時代の失敗量が多いほど、成長も出世もできる

私自身、長い人生の中で、そんな逆転劇を嫌というほど見てきました。最初は失敗ばかりだったA君、そこそこ要領がよく、うまく仕事をまとめるB君。5年後くらいまでは明らかにB君のほうが評価が高かった。ところが10年後、15年後、出世して部下をたくさん持っているのはA君のほうだった。

そんなことが往々にしてあるのです。A君は叱られながらも反省をして改善しながら仕事に取り組む。そんな姿勢が上司から可愛がられる。いっぽうB君は要領よく仕事をまとめるので、叱られないけれど周囲から距離感を持たれてしまう。少し仕事ができると慢心し、やがて仕事全体を甘く見るようになる。

A君には上も同僚や下も含めて協力者が増えるけれど、B君はなかなか協力者ができない。**会社の仕事は長期戦であり、長距離レース**です。ある時点まではB君がリードしていたけれど、次第にその差が縮まり、ある時ドンくさかったA君のほう

が前に出る。そして一気に抜き去ってしまう。

こういう逆転劇はどんな業界でも、どのような職場でも見られる普遍的な光景です。それはひとえに**失敗を恐れずそれを糧にしてきたか、それとも失敗しないように取り繕ってきたか？**　その差なのです。

仕事1年生のあなたが正真正銘のプロになるための道は一つ。失敗こそ貴重な投資だと考えて、大きな成長と将来を勝ち取ってほしいと思います。

仕事1年生
うまくいく
コツ
21

若手時代の評価は覆すことができる。失敗しても素直に受け止め改善することが大事

◎タイトル：

◎書店名（ネット書店名）：

◎本書へのご意見・ご感想をお聞かせください。

ご協力ありがとうございました

郵 便 は が き

(切手をお貼り下さい)

170-0013

(受取人)

東京都豊島区東池袋 3-9-7
東池袋織本ビル 4F
㈱すばる舎 行

この度は、本書をお買い上げいただきまして誠にありがとうございました。
お手数ですが、今後の出版の参考のために各項目にご記入のうえ、弊社までご返送ください。

お名前	男・女	才
ご住所		
ご職業	E-mail	

今後、新刊に関する情報、新企画へのアンケート、セミナー等のご案内を郵送またはＥメールでお送りさせていただいてもよろしいでしょうか？

□はい　□いいえ

ご返送いただいた方の中から抽選で毎月３名様に
3,000円分の図書カードをプレゼントさせていただきます。

当選の発表はプレゼントの発送をもって代えさせていただきます。
※ご記入いただいた個人情報はプレゼントの発送以外に利用することはありません。
※本書へのご意見・ご感想に関しては、匿名にて広告等の文面に掲載させていただくことがございます。

第4章

人に強く、優しくなりなさい

人との出会いが仕事を変え、人生を変える

人との出会いには、想像以上の力がある

仕事も人生も、突き詰めるとどんな人と出会うかで決まります。ある出会いが人生の新しい扉を開くこともあれば、仕事の新たな可能性を広げるきっかけにもなる。偶然の出会いを、あとから「あれは必然的な出会いだった」と言えるかどうか？

おそらくそんな言葉をたくさん発することができる人が、本当に幸せな人生を歩んでいる人なのだと思います。

私の仕事人生を振り返っても、つまるところは「人」でした。人との出会い、人とのつながり、人との触れ合いが自分のエネルギーになり、仕事のきっかけになり、自分自身の成長の引き金になった。人こそ宝。出会いこそ人生。そう断言することができます。

私が最も尊敬していた上司は、画材メーカーを辞めた後に入った、財団法人日本生産性本部の吉田さんという人でした。

実はこの会社も、英語教師をしていた私の叔父さんのツテで紹介されました。生産性本部の上役に叔父の教え子だった人がいたらしい。叔父のたっての頼みでならばと試験を受けさせてくれました。当然、最低限の成績を取らなければダメ。

ところが試験の重要科目が私の苦手な英語でした。小論文を書けというけど歯が立ちません。そこで私は開き直りました。答案用紙に「英語がすべてではない。ここは日本です。今でも英語をまったく必要としない村の出身　山形琢也」と日本語で書いたのです。

その答案を吉田さんが見て、「こいつは面白い」ということになったそうです。吉田さんは仕事ができる人で切れ者だったけれど、どこか型破りなところがあり、そんな部分が私のようなハミ出し者と波長が合ったのかもしれません。

好き嫌いの激しい私のこと。好きになると、とことんのめり込む。吉田さんは前の職場にはいないタイプの人で、大胆な行動でときにトラブルも起こしたけれど、誰からも好かれて信頼されていました。なにより私の人格と能力を認め、尊重してくれたのです。

人は人で変わる

それまで上司に冷たくされてきた私は、それだけに「この人のために働こう。この人が出世するためなら自分は何でもやろう」と思いました。

吉田さんが行くところには必ず付いていき、吉田さんのコンサルタントの仕事の仕方を学ぶ、そして盗む。私がある程度仕事を覚えたら、吉田さんは私に自由に営業することを認め、仕事を任せてくれました。

最初は嘱託で入ったのですが、すぐに正社員に引き上げてくれた。まっとうに評価してくれる上司の下で働くほど、部下にとって幸せなことはありません。だから毎日の仕事が楽しく、私は別人のように生き生きと仕事をすることができたのです。

もし私が当時吉田さんと出会っていなかったら、100％今の私はいないでしょう。コンサルタントとしての基礎を学べたのは吉田さんという上司がいればこそ。

その吉田さんが突然病に倒れ、急逝《きゅうせい》する。私は日本生産性本部のためではなく、吉田さんのために仕事をすると決めていました。だから会社を辞め、その後に独立して、いまに至っているのです。

一つの出会い、そして別れが私と私の人生を変え、目指すところを決めたのです。

仕事1年生
うまくいく
コツ
22

出会いにより人生は激変する。一つ一つの出会いやつながりを大切にしよう

気配りができるかどうかが勝負の分かれ目

ちょっとした気配りの有無で、人間関係は大幅に変わる

人とのつながり、関係を大事にすること。それが仕事の、あるいは人生の大きなテーマです。どんな仕事であろうと、どんな人生であろうと、人との関係こそが決め手になる。

だからこそ大事になるのがちょっとした気遣いや気配り。これができるかどうかで、大きく変わってくる。

こう見えても私は結構気配りをしてきたほうです。たとえば以前は、出張や旅行に行ったとき、これはと思って狙いを定めている人には、行った先から絵はがきを送っていました。

私の手帳には常に切手が50枚ほど入っています。いつでもどこからでも、はがきや手紙が出せるようにしていたのです。

「いま仕事でこんなところに来ています。○○様もご多忙と思いますがどうぞお体に気をつけて頑張ってください」

あまりかしこまらずにざっくばらんな感じです。そしてご家族がいれば「どうぞよろしくお伝えください」と付け加えるのを忘れない。

「山形さんって大雑把に見えるけど意外とマメで細かいんだよね……」。そんな風に想像してくれたらしめたもの。意外性もあり、相手はこちらのことをいろいろと想像を膨らませてくれます。

ある年の冬に、山形県の天童市に講演に行ったときのことです。帰りはちょっと寄り道したくなりました。天童から山形を通り米沢まで新幹線で行き、そこから米坂線に飛び乗りました。米沢から山を越えて新潟県村上市の坂町まで。雪深い秘境を走るローカル線で、山水の雪景色はまさに水墨画の世界でした。

そんなときふと、この沿線のある村が出身地だというお得意さんがいることを思い出した。さっそくはがきを書き、「いま私は○○さんの故郷の町に来ているのですよ」と送ってやりました。すぐに返事がきました。やはり自分の故郷を思い出してくれ、はがきを出してくれたということで、喜んでくれたようです。

お世話になることの多い新人時代こそ、気配りを身に付けるチャンス

ちょっと相手を喜ばせる仕掛けをやってあげる。一種のサービス精神ですが、こういうことを積み重ねることで、次第に相手との距離が縮まり、信頼関係が育っていく。

特に新人の頃は、食事をごちそうしてもらったり、仕事で協力してもらったり、お世話になる人がたくさんいるからお礼が大事です。

いまはＳＮＳがあるので、手軽に連絡できます。ただし、仕事の関係となるといきなりＳＮＳで気軽にやり取りするのは気が引けます。やはりはがきや手紙など、手書きの媒体が一番でしょう。ＳＮＳやメール全盛の時代だからこそ、手書きの威力がより増しているのです。

先ほどの出張先からのはがきも含めて、文章はダラダラと書くのではなく、短く簡潔に書く。

「先日は急にお邪魔したにもかかわらず、ご丁寧にご対応いただき助かりました」
「先日はごちそうさまでした。大変おいしく、感じのよいお店でした。ありがとうございました」。

短くてもいいのです。私の場合は古い人間だからでしょうか？　五七五調でまとめることが多い。日本人の共通の感覚だと思いますが、五七五だとすんなり頭に入る。

「気がつけば、元気な我がここにいる」

気心の知れた相手に対しては、こんな季語のない句を送ります。自分で〝山形句〟だなんて言っていますが、ちょっとユーモラスでありながら、「たしかにあいつはいつも元気だからな」なんて思い返してもらえるはずです。

いずれにしても、しっかりと丁寧に手書きで送る、それだけで誠意が伝わります。大事なのは誠意です。

「あぁ、あの人は私を思い出してくれているのだな」

「気にかけてくれるのだな」

「時間を費やしてこうして送ってくれるのだな」……。

そう相手に思ってもらう。

人間、ある程度の気配りができないと社会人失格です。気配りや気遣いは相手に対する思いやり、想像力、それらをひっくるめて相手に対する誠意を見せるということ。誠意のある人物が信頼を勝ち取ることができる人なのです。生まれながらにしてこれが簡単にできる人と、そうでない人がいます。たとえ生まれながらできなくとも、意識して習慣化することで身に付けることができるのです。

仕事1年生
うまくいく
コツ
23

気配りができる社会人が信頼を勝ち取れる。身に付くよう日頃から気配りを意識しよう

上司や先輩から可愛がられる新人を目指そう

「素直さ」と「一生懸命さ」が大事

新人はなにをおいても、まず上司や先輩たちから可愛がられる存在になるのがベストです。実は私自身が可愛がられる才能が乏しく、特に最初の会社ではずいぶん苦労しました。だからこそ、老婆心含めて言うのです。

新人はやはり最初は注目される。どんな奴が入ってきたのか？　仕事はできるのだろうか？　言うことを聞くのだろうか？　面倒な奴じゃないだろうか？

一挙手一投足をチェックされていると言ってもいいでしょう。

そこで**一番大事になるのが「素直さ」と「一生懸命さ」**でしょう。どんなに優秀な成績で入ってきた新人でも、最初から仕事ができるはずがありません。仕事は頭や成績で決まるものではない。積み重ねによる習得、経験値によるところが大きい。

東大を首席で卒業した優秀な人物だからといって、いきなり陶芸の世界に入って、年季の入った職人のように、器用にロクロを回すことはできません。その道のプロや職人は何十年の歳月を経て身に付けた技がある。知能指数がどれだけ高かろうと、職人の技をすぐに身に付けることができると考えるほうがおかしいのです。

ビジネスの世界もそれと同じ。10年20年と働き続けたノウハウやスキルを、どれだけ優秀だから、学歴が高いからといってすぐに真似できるはずがない。上司も先輩もそんなことはわかっているから、いきなりすべてを新人に期待するはずがないのです。

生意気で素直じゃないのは最悪

まず新人のあなたは頭を垂れて先輩や上司の言うことを聞き、学び、仕事のイロハのイを身に付けること。当然失敗もあるでしょう。そのときは素直に謝り、同じ失敗を繰り返さないように一生懸命に努力する。

若いうちは失敗も愛嬌です。そのときに素直に上司の言葉を受け止め、一生懸命改善しようと頑張る。その姿が上司には一番初々しく映る。そして、「何とかこいつを育てよう」という気持ちになるのです。

挨拶や返事は明るく元気に。そして服装は清潔さを心がける。一番気をつけなければならないのは首回りです。ワイシャツのカラーが汚れていたりするととても印象が悪い。

素直さ、一生懸命さ、明るさ、元気さ、清潔さ――。

これを守っていれば、可愛がられる新人になれるはずです。そして上司や先輩の名前と顔をすぐに覚え、営業なら顧客の顔と名前を必死で覚える。言われたことは確実にこなす。そうすれば次第に信用というものがついてくるでしょう。

一番よくないのは格好を取り繕ったり、自分を大きく見せようとすることや、「そんなことは知っているよ」という不遜な態度を取ること。そういう人物は注意されても素直に謝ることなく、言い訳ばかりでごまかそうとします。

すると**「生意気な奴だ」「口だけの奴だ」という最悪の評価を下されてしまう。**そうなると、あなたに真剣に教えようとか、面倒を見ようという人は誰もいなくなる。それが一番あなたにとって損なことです。

私自身、最初の会社で上司や先輩を味方につけることができなかった。そんな私の反省を踏まえて、ぜひあなたには同じ轍《てつ》を踏んでほしくないと考えるのです。

仕事1年生
うまくいく
コツ
24

会社で評価されるには、可愛がられることも大事。日頃の態度や行動に注意しよう

会話は「聞き役」に徹することがポイント

「話し上手」は「聞き上手」

人間関係の基本は会話です。特に雑談が上手にできるかどうかがコミュニケーションの成否を左右します。

3章の「準備」のところでもお話ししましたが、雑談が上手にできるようになるためには、事前のネタの仕入れがポイントです。営業に行く人物が特定できているならば、その人の出身地、出身校、趣味、好きな食べ物くらいは、インプットできる範囲でしておく。

自分が紹介したい商品やサービスの情報、相手が何を知りたがっているか、質問に対する答えを用意しておく……。

ただし、これができているからといって会話が上手にできるとは限りません。むしろたくさん準備し、知識や情報を蓄えた人が陥ってしまう最悪パターンがあります。

よく、自分はこれだけ知っているのだということをひけらかすように一方的に話しまくる人がいますよね。本人は気持ちよくしゃべっているかもしれないが、聞くほうはただの苦痛でしかない。

営業マンでもとにかく自社製品のすばらしさを滔々《とうとう》と説く人がいます。でも聞かされているほうからしたら、「だから何なの?」ということが往々にしてある。**優れた営業マンほど自分からしゃべらず、お客さんに話をさせる。**その中で相手の話に乗りながら、自分の製品を「そういう話ならば、きっとお客さんにこの商品が合うのでは」と、相手の文脈に乗りながら、さりげなく宣伝したりします。

いかに相手に気持ちよく話してもらうかを意識する

会話、雑談のポイントは「聞き上手」になること。自分が気持ちよくしゃべるのではなく、相手に気持ちよくしゃべらせてやるのです。その中で自分が準備し予習してきた知識が役立つときが来ます。

「そうですか、新潟県のご出身ですか。実は私も先日新潟の長岡というところに出張で行きましてね」

と、相手の話を膨らませるのです。またさまざまな質問をする。すると相手はますます機嫌がよくなり、いろんな話をしてくれるでしょう。それが相手の情報を収集することになり、この次の雑談のヒントになります。相手の話に出てきた話をさらに詳しく家で調べて、相手が欲しいと思う情報や知識を仕入れておく。

あくまでも**相手を主役にする**ことがポイントです。自分は聞き役で補助。ただし、その実、会話をコントロールしているのは聞き役である自分です。
新人のあなたにいきなりこの領域を目指せというのは酷でしょう。ただし、聞き役に徹すること。相手の話をよく聞くこと。それを若いうちから習慣づけることは大事なことだと思います。

仕事1年生
うまくいく
コツ
25

雑談の巧拙は、人間関係に影響する。聞き役でいることを習慣づけよう

組織の暗黙のルールを理解せよ

会社には、明文化されていないルールがたくさんある

組織というのは必ず組織としてのルールや掟があります。明文化されていなくても、暗黙の了解や取り決めがあるものです。

会社に入ったのなら、まずその会社の組織としてのルールを知らなければなりません。書類のＯＫの取り方、領収書の出し方から会議の進め方、退社時の戸締りに至るまで、会社ごと、組織や部署ごとの決まりがあります。

新人のあなたは、まずそのルールを知り、守らなければなりません。これらの細かいルールや暗黙の掟のようなものは、上司や先輩が改めて教えてくれるものではない場合も多い。まず部署に配属されて1カ月は、**上司や先輩たちの行動を注意深く見守り、そのような暗黙のルールや取り決めを自分なりに把握する**ことが大事です。

酒席は情報を仕入れるのに最適な場

その上で、たとえば自分の上司や先輩と飲みに行ったときに、さりげなく聞いてみる。このような暗黙のルールを知るには、飲んでいる席が一番いい。昼の仕事モードのときはなかなかあからさまに言えないこともあるでしょう。

今の社会情勢を鑑みると、しばらくはそういった機会もなかなかないとは思いますが、上司や先輩との飲みにはできるだけ付き合うようにするべきです。ちなみに最近の若い人は上司から飲みに誘われても、適当な理由をつけて断る人がいるとか。

もちろん強制ではないですし、予定があるなら仕方ない。しかし、新人のうちはよほどの事情がない限り、上司や先輩の飲みの誘いは断らないことです。

仕事が終わった後での飲みの席で、お互い腹を割った話ができる。そこで関係性を深めることが大事です。

昼の営業時間ではとても話せない会社の裏話や、組織の中でのタブーなど、貴重な話が聞けるのも、飲みの席ならではは。こういう情報が組織の中で上手に生き抜くうえで大事なのです。

そうやって関係性ができあがることで、会社の風土や雰囲気、空気というものを共有することができます。組織に流され自分の考え方を失ってしまうのは本末転倒ですが、特に日本の社会、ビジネス社会においては、やはり空気を重んじる傾向が強い。

社会人になったら学生時代とは違う組織の論理がある。その論理に少しでも早く気づき、それに適応することも、新人の仕事の一つだと言えるでしょう。

仕事1年生
うまくいく
コツ
26

いち早く暗黙のルールを理解することで、会社の中で上手に生き抜くことができる

上司はどんなことがあっても立てておくのがベター

上司の指示に全力で応えてアピールする

会社員にとって上司を選ぶことはまずできません。どんな上司の下で働くことになるか？　特に新人のあなたにはあずかり知らないところでしょう。あなたに求められているのは、どんな上司であれいい関係を築くこと。

それには前にも話した通り、素直であること、明るく元気であること、一生懸命であることが大事です。

さらに上司との関係で言うならば、基本的にどのような指令であろうと進んで受け入れ、実行する姿勢が大事になります。

上司は新人の教育を任されている立場です。おかしな仕事、過度にきつい仕事を与えることは、まともな上司であればまずありません。

上司の言うことにどれだけ応えられるかが、新人のあなたの最大の使命となります。それに一生懸命取り組む姿勢を示すこと。そうすれば上司からも「なかなかやる気のある新人だな」と目をかけてもらえるようになる。

「上司が自分を認めてくれない」。よくそんな愚痴をこぼす社員がいますが、まずその社員が上司を上司として認め、確固とした人格として認めているのか？　人間は感情の動物でもあります。相手が自分を認めていないと感じたら、自分も相手を認めないでしょう。

部下であるあなたが、上司をどれだけ知り、理解しているか。

まず自分から相手を理解しようと努力すること。それがなければすべては始まりません。上司であろうが部下だろうが、クライアントだろうが恋人であろうが、すべての基本は同じです。

最初は頼ることも大事

とにかく新人であるあなたは上司を頼ることです。わからないこと、知らないことがあったら上司に聞く。そして教えてくれたら「ありがとうございます」とお礼を言う。

ときには上司に怒られることもあるでしょう。しかし最初から完全で失敗のない人物などいません。失敗して怒られることも新人の仕事のうち。怒られたら「すいません！」と素直に謝り、同じ失敗を繰り返さないようにする。その姿勢が見えれば、失敗しても可愛い新人だと思ってくれる。

そして仕事がうまくいったなら、「○○課長の言う通りにしたおかげでうまくできました。勉強になりました。ありがとうございます」と上司を立てておく。

新人であれば、まず誰よりも上司に可愛がられる存在になりなさい。そこからあなたの仕事人生が始まる。**社会人としての人との付き合いの基本形が、上司との関係にある**のです。

仕事1年生
うまくいく
コツ
27

仕事人生の出だしで躓《つまず》かないためにも、どんな上司であれ可愛がられることを考えよう

営業マンのコミュニケーション5つのポイント

営業は、顧客の本心、本音をどれだけ引き出せるかが勝負

営業職の場合、顧客との付き合いが自分の仕事の成否を決める。顧客とどういう関係を保つかが営業職の最大の課題です。

新人のあなたは、まずお客さんの顔と名前を覚える。たくさんのクライアントや顧客を抱える営業マンもいますが、いずれにしても顧客を覚える。できれば家族構成などもインプットしておくと、贈り物があるときなどに役立ちます。

「答えはすべてお客さんが持っている」

私はいつもそう言っています。答えは評論家の言うことや解説書などにあるのではありません。

何を望み、何が欲しいのか？　どういう風になりたいのか？　顧客のニーズとウォンツを知ることが営業マンの役目。それはあなたの目の前にいるお客さんの気持ち以外の何物でもない。

その答えを知るために必要なことはただ一つ。顧客やクライアントの話をよく聞くこと。そして相手の本心、本音を引き出すこと。そのポイントは次の5つ。

①相手の情報をできる限り仕入れ、準備をしておく

すでに何度かお話しているように、仕事は「準備」が8割。顧客とのコミュニケーションも相手の情報を事前にできる限り集め、準備しておくことが大事。新人のあなたが初めて顧客を訪ねる場合、もし上司や先輩でその顧客情報を知っている人がいるなら教えてもらうこと。

②相手に対する質問事項を用意しておく

準備段階で知り得なかった情報など、相手に対して質問を用意しておきましょう。出身地や出身校、家族構成、好きな食べ物や趣味など、基本的な相手の属性を中心に、商品に対する希望や要望、どんなサービスを望んでいるかなど。リストにして書き出すことで自分自身の頭の中も整理することができます。

ただし、まるで慣れていないインタビュアーのように、**一方的に矢継ぎ早に質問するのは相手に圧迫感を与えます。**話の流れの中で上手に相手から引き出すように心がけましょう。

また、名刺を交換したときに、相手の名刺をよく見ること。するとそこに質問のタネが潜んでいたりします。住所が地方だったりしたら、「○○さんは静岡から来られているんですか?」と質問する。すると、「ええ。静岡でも浜松のほうです」

「そうですか、以前は仕事で浜松によく行ったものです」などと話が広がっていきます。

また名刺にいろんな肩書が書かれている人をたまに見かけます。すると「〇〇さんはいろんな資格をお持ちなんですね」と振ってみる。名刺だけでなく、服装やバッグなどの持ち物、靴や帽子など、その人のもので、何か引っかかるものがあればそれが相手への質問になるはずです。

③上手な敬語、社会人として適切な言葉を使う

若い人にとって苦手なことの一つが敬語の使い方だと言われます。たしかに、「丁寧語」「尊敬語」「謙譲語」の使い分けなど、敬語は難しい。だからこそ**きれいに使い分けができていると、相手は「若いのになかなかやるな」と一目置く**ようになります。

敬語の使い方に関しては、すでにたくさんの本が出ていますから、書店でもアマ

ゾンでも、調べて一冊購入して勉強することをお勧めします。

特に最近は日常会話の中で若者言葉や省略言葉が蔓延していますね。**日常の癖でついそんな言葉をビジネスの現場で使ってしまうと、一気に評価が下がってしまう**から要注意。言葉には細心の注意を払いましょう。

④相手の懐に飛び込む

ビジネスの相手だからビジネスライクに付き合うというのは、大きな間違いです。ビジネスであっても、人と人。人があってこそのビジネスです。相手と向き合い、相手を知り、そして相手の懐に飛び込んでいくことがビジネスの基本だと考える。

若いあなたからしたら、いきなり自分より年上のクライアントやお客さんの懐に飛び込むことなど難しいと感じるのではないでしょうか。

実はそうでもありません。むしろ若い人ほど、年長者の懐に飛び込むことができると言っていい。そのためには、若さという武器を利用するのです。

「入社1年目でまだ知らないことばかりです。いろいろ教えてください」

若くてまだ未熟であることを逆手に、自分をさらけ出して相手に教えを乞う。その基本姿勢で何でも相手の話を聞く。相手も「前向きで好感が持てる新人だ」と、心を開いてくれるでしょう。

⑤共通の趣味や関心事を持つ

相手が趣味の話、ハマっていることの話をしたら、それに素直に乗ってみる。私自身、釣りが好きな人であれば釣り雑誌を読んだり、実際に釣りをしてみたり、山登りが好きな相手であれば、全国の山を調べているうちに自分も山登りが趣味になったりしました。

先日もある女性が東京の東村山浄水場のことを聞いてきました。さっそく翌日、私は本郷の水道博物館に行って日本の水道の歴史や技術を調べました。関連の本なども読んで、すっかり水道博士になりました。

相手の関心がどこにあるか？　それをきっかけに自分も学び、その話をすることで相手と良好な関係を築くことができる。さらにそれによって得た知識が、いろんな場面で役立つことになるのです。

仕事1年生
うまくいく
コツ
28

準備や言葉遣いはもちろん、相手の趣味などに関心を持つ姿勢も大事

社内評価や他人との比較に振り回されない

ライバルを意識しすぎず、自分の中の敵と戦う

同期の人たちは仲間であると同時にライバルでもあります。競争相手として意識して、仕事のモチベーションを上げるのは悪いことではありません。

あいつにだけは負けない。そういう存在がいることで自分を鼓舞し頑張ることができる。スポーツ選手でも優秀な成績を長く残し続けている人は、いいライバルを持っていることが多い。

ビジネスパーソンもライバルは必要です。ただし、あまり過度に意識しすぎるのはよくありません。**相手を意識しすぎて自分を見失っては本末転倒**です。**他者と比べるのではなく、自分の中に物差しを持つ**こと。

自分の中に目標や決まり事をしっかりと作る。それを達成できたか？　あるいは達成できなかったとしたら、何がいけなかったのか？　自分なりに分析し反省し、次につなげる。

ただしかくいう私も、若い頃は「引いた目線」で見ることができませんでした。同僚が自分より先に昇進したりすると、「なぜあいつが俺より先に昇進するんだ！」と、いきまいたものです。

ですが、少し歳を取ると、社内評価というものは望んだようにはならないものと割り切れるようになります。それよりも自分の中の目標や基準、決まり事をどれだけクリアできたか。**自分自身が自分の最大のライバルだと考えて、自己評価する。**

その目標や基準を決めるときに、あなたの周りの同僚やライバルたちの仕事の仕方、パフォーマンスを見て、彼らの上を行く設定をするのです。**ライバルの存在を意識しながらも、打ち勝つのは自分の設定した目標であり数字**である。

そのように自分の中で形を作ることができれば、ライバルの動向を過度に意識し、いたずらに心を乱すことなく、自分自身の戦いに邁進《まいしん》することができると思います。

上司は選べないが、会社は選ぶことができる

会社というのも不思議な縁で成り立っているものです。なぜ自分がその会社に入ったのか？　その会社のどの部署で、そんな上司や先輩、同僚たちと仕事をするか？　すべては偶然のようでありながら、後々考えると必然のように思えてきます。

「すべてが必然だ」と言える生き方をしたい。

それが私の信条でもあります。この会社に入ったのは必然だったんだ。そう思えた時点で、あなたはある意味で勝者なのです。

ぜひ、新人のあなたが1年後、3年後、今の会社に入ったのは必然だったと言え

るような仕事をしてほしい。そう強く願います。

ただし、そう考えて仕事を頑張っても、中にはむくわれない会社もあります。ブラック企業なんて言葉も、今や知らない人はいないでしょう。劣悪な労働環境で、働かせるだけ働かせる。社員やスタッフを単なる労働力として、使い捨てにする。

どんなに頑張っても、自分を活かしてくれる可能性がない会社であれば、その縁は悪縁です。思い切って断ち切るべきでしょう。

転職したり独立したりして第2のスタートを切るなら、やはりあなたが本当にやりたい仕事、好きな仕事を選ぶべきです。少なくとも単に収入の高い仕事を探すというような、お金だけで考えての転職、独立は避けるべきです。

逆に「多少収入は減ってもいい、好きな仕事、やりたい仕事をする」ということであれば、私はそのほうが将来成功する確率は高いと思う。

私自身は、決して人間関係が上手というわけではありません。好き嫌いが激しく、好きとなればとことん、嫌いとなるとこれもとことん。おかげでずいぶん人とぶつかり、喧嘩もしてきました。しかし、ふつふつとした仕事に対する情熱、人に対する情熱がある。それを理解してくれる人は必ずいます。

人も大事、コミュニケーションも大事だけれど、**すべての人に好かれる必要はありません**。むしろそんな人は八方美人で、本当のところは信用されていないことが多い。

まず自分を大事にする。自分の考えや生き方を持ち、それを大切に貫く。自分が確固としてあるからこそ、相手を尊重し、豊かで強い関係を築くことができるのだと考えます。

仕事1年生
うまくいく
コツ
29

ライバル関係も、会社との関係も、あくまで自分の中の基準を大切にして考えよう

第5章

常に自分を磨きなさい

インプットする時間を習慣化する

面白がりながら、楽しみながら自分磨きする

社会人になったら自分を磨いていく不断の努力が不可欠です。ただし、それは修行のように苦難や困難を耐え忍んで、というものではないと私は考えています。むしろ面白がりながら、楽しみながら自分をブラッシュアップしていく。私自身がそうでしたが、そのほうが長続きするし、結果が出ると思います。

私は過去の私ではない。また未来の私でもない。つまり常に変化していくもの。

そして成長していくもの。

生きる喜びの一つとして、自らの成長を実感できるということがある。その喜びを味わうためにも、自分磨きというのは大事なことだと考えます。

自分磨きは特別変わったことをする必要はありません。日常のちょっとしたことでも、習慣化することであなたのポテンシャルを高めることができる。

作家の司馬遼太郎さんは産経新聞社に勤めていたとき、毎日、百科事典を1枚切り取っては、自分の家から会社までの通勤時間にそれを読んで暗記していたそうです。その習慣が、のちの大作家、司馬遼太郎を生み出した。

私も司馬さんほどではないけれど、自分なりの習慣がありました。かつて会社に勤めていた頃は毎日、新聞を朝の電車に乗る時間を利用して読んでいた。急行だと混んでいるけど、20分ほど早めに家を出て、各停の電車に乗れば座席に座れる。その間に新聞を読む。

そして気になる記事や重要だと思う記事はペンで印をつけておき、後で時間があるときに切り取ってファイリングしておく。これを習慣化していると、積み重ねですごい情報量が溜まっていきます。

習慣化できればこちらのもの

面倒くさいとか、嫌だなと思うことも、習慣になると不思議にできるもの。インプットする時間を習慣化できたら、これは強い。

歳を取ったいまは、昔よりもっと早起きです。毎日5時には新聞が届くので、まず目を通します。若い頃から続けている切り抜きをして、ファイリング。そのあと、昨日起きたことを紙に書き出して整理する。その中で知らなかった言葉や興味のあることに関しては広辞苑を開いて調べ、その内容をメモします。

こうして昨日の日記&メモをほぼ毎日書く。すると驚くほど身に付いていきます。独立してからほぼずっと続けている。習慣になっているので苦になりません。

若いあなたも、ぜひ意識してインプットすることを習慣化してほしい。最初は面倒に感じるかもしれないですが、1カ月、2カ月続けているうちに習慣になります。
それが生涯のあなたの大きな力となるはずです。

仕事1年生
うまくいく
コツ
30

自分磨きのために、面倒なことでもまず習慣化しよう

これは、と思う文章や数字を丸暗記する

重要な部分は、見ずに言えるほうがいい

私の場合、その情報の中で特にこれはというものに関して、暗記し覚えるようにしています。講演でも大事な文章や数字は資料を渡すだけでなく、覚えてソラで言えるようにしていました。

真言宗の祖である空海は抜群の暗記力で、さまざまな経典や教えを丸暗記していた。彼は中国に渡った2年間で経典はもちろん、薬学、土木工学、その他の文化な

どあらゆるものを学び、すべて頭にインプットして帰国しました。

そして貴重な経典を持ち帰り、広めるだけでなく、防波堤の土木工事などで最新技術を使い成功させます。

その空海が暗記力を高めるために行ったのが「求聞持法《ぐもんじほう》」です。それは真言を100万回唱えるというもの。しかもそれを洞窟にこもり、100日間で達成するのです。

単純計算で1日6時間、ずっと唱え続けることになる。これを洞窟の中で100日間行うのです。さすがに100万回唱えれば、暗記してしまう。この修行を経ると飛びぬけた記憶力を有することができるようになるとか。

習慣化できれば、人の情報も覚えやすくなる

私も「求聞持法」ほどではないにしても、覚えようとするものは紙に書き出し、トイレや洗面所などに貼っておく。

私は法然さんが大好きで、彼の「一枚起請文《いちまいきしょうもん》」というのを紙に貼ってどこでも唱えるようにしています。寝る際にも読めるように紙に書いて貼ってある。

すると法然さんの言葉がスラスラと口をついて出てきます。冒頭の一部を紹介しましょう。

唐土我朝《もろこしわがちょう》に、もろもろの智者達《ちしゃたち》の、沙汰《さた》し申《もう》さるる観念《かんねん》の念《ねん》にもあらず。また学問《がくもん》をして、念《ねん》のこころを悟《さと》りて申《もう》す念仏《ねんぶつ》にもあらず。ただ往生極楽《おうじょうごくらく》のためには、南無阿弥陀仏《なむあみだぶつ》と申《もう》して、うたがいなく往生《おうじょう》するぞと思《おも》い取《と》りて申《もう》す外《ほか》には別《べつ》の仔細候《しさいそうら》わず。

浄土宗の念仏とは、中国や日本の偉い僧侶たちが語る教えではなく、また学問をして悟った人が語る言葉でもない。ただ極楽浄土に行くと信じて、ひたすら南無阿弥陀仏と念仏を唱えることが教えである。そう言っているのです。

仕事1年生
うまくいく
コツ
31

暗記癖をつけておくと、さまざまな場面で役立つ

「一枚起請文」は法然が死の2日前に弟子に残した遺言です。そこには法然の仏に対する考え方、念仏に対する考え方が簡潔にまとめられています。

これを毎日唱えているうちに完全に覚えてしまいました。覚えるというより、自然に「覚わる」という表現が近い。

法然の言葉だけでなく、これは大事だと思う著名な人の言葉や、数字を覚え、講演やセミナーで口頭で伝えるのです。これが癖になると、人の名前、年齢、出身地や出身校なども、少し口の中で反芻《はんすう》して唱えると覚えられるようになるのです。

自己投資として新聞、本をお金を出して読む

気になる本は積極的に手にとってみよう

私自身は前にもお話ししたように、学問として学んで知識をつけるというより、行動と体験を通して実践的な知識として身に付けるタイプです。そうは言いながら、やはり読書は必要です。

若い人たちはインターネットなどで情報を得ることが増え、本を読む機会がどんどん減っているようです。インターネットはちょっとした調べ物をするには向いて

いると思いますが、まとまった知識を身に付けるという点では本に劣ります。
私自身は新聞を毎日チェックする中で、書評や書籍広告などを注意して読みます。そして気になる本があれば本屋で立ち読みし、気に入れば購入します。

本の中でも私があなたに勧めたいのが伝記です。小学校の頃さんざん偉人の伝記を読まされたという人もいるでしょう。しかし大人になってさまざまな分野で活躍する人たちの自伝や伝記を読むと、改めて彼らの生き方や考え方が理解できます。自伝の中に書かれたさまざまな人生の転機でのその人なりの生き方は、そのまま実践的な生きた知恵となるはず。

歴史小説なども面白く読めながら、人間の生き方や考え方、処世術など含めて勉強になります。同じような観点から、経済小説なども企業や業界の中でどう生き残るか、知恵と実践力が身に付くでしょう。

身銭を切ることで元を取ろうとする心理を利用する

やはりある程度の自己投資が必要です。最近は本を読まないどころか、新聞を取らない人も増えているとか。私の場合2カ月ごと約8000円を払っています。ネットニュースならただで見られる？　たしかにそうですが、やはり新聞よりは内容が浅いし、取り上げる範囲が狭いように思う。

1カ月4000円であれだけの情報量が毎日家に届く。これくらいの自己投資はあなたもぜひしてほしい。その金額であまりある情報が得られると思います。新聞に限らず、やはり身銭を切ることは大事です。

現金なもので、やはり**お金を払っているとしっかりと元を取ろうという意識が働く**。無料の講演よりも、有料のセミナーのほうがお客さんの真剣度が違いました。本当に身に付けようと思ったら、自己投資としてお金を払うほうが結果として得をすると思います。

仕事1年生
うまくいく
コツ
32

インターネットばかりでなく、本や新聞にお金を払って知識を得よう

あらゆるものを「自分流」で捉える訓練を

あらゆる光景を「自分ならこうする」という視点で見る

自分を磨く材料は新聞や本だけにあるものではありません。あなたの日常の身の回りのすべてが、あなたを磨くための砥石であり試金石。

私はカメラもよく持ち歩きます。街を歩いていて面白い広告やお店、建物があれば1枚。きれいな風景、興味深い光景があれば1枚……。

あとで写真を確認しながら、広告のコピーなどは自分ならこう表現するとか、店の写真であれば、陳列の仕方、ポップの書き方を自分ならこうするとか、自分流を考えてみる。

日常の目の前のあらゆる光景や出来事が勉強です。そして自分ならこうするという「自分流」を導き出してみるのです。

自分を磨くということは、自分のカラーを出すということとつながっています。

あらゆる現象や状況を「自分流」に解釈するとどうなるか？　それを考えるのです。

ニュースを鵜呑みにして終わらない

新聞を読んでさまざまな事件やニュースを読む。それだけではなく、「自分ならこう考える」「自分ならこう分析し解釈する」という自分流を考えながら読む。

たとえばあおり運転のニュースがしきりに流れます。あおり運転は昔は少なかったのだろうか？　増えているとしたらその原因はなんだろうか？

あるいは昔から同じくらいあったとしたら、なぜ今やたらと取り上げられるのか？

高齢者の暴走運転の報道も目立つ。高齢者がいかにも事故を起こしやすいように言われているけれど、事故率という点から見ると果たしてどうなのか？

ニュースや情報を鵜呑みにするのではなく、1回自分の頭のフィルターを通してみる。すると自分なりの視点、モノの考え方が固まってくるでしょう。そこで「もしかすると、あおり運転のニュースは、ドライブレコーダーを導入させるための布石かもしれない」というような、大胆な仮説が生まれてくるかもしれない。

仮説を立てたら、事実を集めてそれを検証してみる。この一連の作業を行うだけで、あなたのモノの見方、考えはグッと深みを増すはずです。それは誰かからの受け売りではない、あなたの見方であり、オリジナルの考えだから。

ネットで、マスメディアで、日々膨大な情報が流れていますが、それをただ鵜呑みにしているだけでは情報に振り回されてしまいます。あなたなりの判断の基準、考え方の基準点を確立することで、いたずらに流されないようになることです。

そのためにも日常の何気ない光景、情報を自分流で解釈しなおす習慣をつけてほしい。これができたら、あなたのポテンシャルは相当に高まるに違いありません。

仕事1年生
うまくいく
コツ
33

「自分流」の視点を持つ癖をつけ、情報に振り回されない人間になろう

相手の欲しがる情報を提供し、喜ばれる人物になる

自分の話したいことだけを話す人間になるな

残念ながらいまの世の中、物知り屋は多いけれど知恵者は少ない。ちょっとした雑談をしても、楽しいのは物知り屋ではなく知恵のある人との会話です。

物知り屋は自分の知識量を自慢したいのか、一方的に知識をひけらかす人が多い。聞いているほうはただ苦痛なだけです。枝葉末節、重箱の隅をつつくような細かい情報を知っていることが彼らの自慢のようですが、その分野に興味のない人間にと

ってみれば、「だから何なの？」という話でしょう。

相手が知りたがっていること、興味がありそうなことを選んで話すのが真に知恵ある人です。自分が話したい話をするのではなく、相手の役に立つ話をする。

そのためにはテレビや新聞、雑誌やネットなどの受け売り情報ではなく、自分流のモノの見方、考え方を少し添えてみる。そのほうがインパクトがあります。

これだけ情報が溢れているいまの時代、物知り博士は巷にゴロゴロいます。そんな世の中だからこそ、ちょっと変わったものの見方、独自の面白い視点を持っている人は目立つのです。

ただし自分流の話は滔々《とうとう》と話してはいけません。客観的な事実や情報の後に、「私としては～」「自分はこう思うのですが～」と少し添えるくらいがちょうどいい。

あるいは相手の話の流れに乗りながら、「実はその話に関連して、最近面白いものを発見しまして」と、電車や街中で見かけた面白いもの、興味深いものの話をする。写真を撮っているならそれを見せながら話す。

「彼はふつうの人とちょっと違うな」とか「なんだか面白い人物だな」と興味を持ってもらうことができる。

何度も会うことで、相手が求めていることがわかるようになる

相手が何を求めているかは、接触する機会を増やすほど鮮明になる。ですからポイントは会う回数を増やすことでもあります。この人だと思ったら狙いを絞り、さまざまな手を使って会う機会を設けるようにします。

たとえばその人のところへ行って、面白そうな本が本棚に置いてある。「この本は面白そうですね」と興味を示す。すると「なんなら持って行ってもいいよ」と言ってくれたらしめたもの。「いただくのは申し訳ないので幾日か貸してください」と言い、その本を返しに行くという名目で、また次に会う機会を持つことができます。

趣味がゴルフなら、「実は私も今ゴルフを習っているところです。ぜひいろいろ

教えてください」と共通の趣味でつながることもできる。

そうやって**会う機会をできるだけ増やし、相手を深く知ることで相手が欲しいもの、相手の役に立つものを絞り込んでいく**のです。そしてその情報や知識、自分流の考えなどを相手に提供する。

「彼といるとなんだか楽しい」

そう思われるようなキラリと光る人物に、あなたもぜひなってほしいと思います。

仕事1年生
うまくいく
コツ
34

有益な情報を提供できる存在になることで、信頼度もグッと上がる

否定され、拒絶されてからが本当のスタート

営業は断られてからが勝負

人生、簡単に諦めたり挫けてはいけません。一度失敗したからって、叱られたからって、腐って諦めているようでは何事もなすことはできないでしょう。断られてからが本当のスタートです。

むしろ失敗もしていない、叱られてもいない、というのはまだスタートラインにすら立っていないということ。しかし残念ながら、失敗したり叱られたりしてすっ

かり戦意を喪失し、レースを棄権してしまう人が多いのです。

営業だって断られてからが勝負。それは関係の終わりではなくて始まりです。恥ずかしながら私の恋愛話をさせてください。私が妻と最初に出会ったのは最初の会社でした。彼女は受付だったけれど、私は一目ぼれ。

人生は何事もアクティブにというのが当時も今も私の信条です。情熱をもって当たれば必ずどんな壁も打開できる。若い頃は特に意気盛んでした。だから好きになったら押しに押す。押せば扉は開かれる。そう信じていました。

ところが美大出身の彼女はちょっと感覚が違う。「私、自己顕示欲が強い人が苦手なんです」と厳しい一言。ただしそこでめげる私じゃない。手を変え品を変え、彼女にアピールする毎日。しかし、「あなたはしつこい人ですね」「迷惑です」という反応……。

ストーカーと思われても仕方がないかもしれませんが、一線は越えないようにしていました。

犯罪的ストーカーは自分の気持ちに従わない相手に対して怒りを覚え、相手を攻撃します。それは一切ありませんでした。ただただ、彼女に認め受け入れられたかった。だからときにはおどけてみせたり、いろんなプレゼントをしたり。それが自己顕示欲の強さだと嫌がられたわけだけれど。

諦めない熱意が人を動かす

とにかくめげずに、「僕の目的はただ一つ。あなたと結婚したい。あなたが『うん』と言ってくれるまで、僕はあなたにアプローチし続けます」と言い続けた。

そんなことが半年くらい続いたでしょうか。あるとき彼女の前にいつものように顔を出すと、それまでツンとしていた彼女がクスッと笑うのです。そしてとうとう、「あなたには参りました」と言って笑いだした。

いまから思うと本当に強引な男だと思う。彼女が振り向いてくれて、結婚してくれたのは、奇跡的なことだったのかもしれない。でも、断られてそのまま引き下がっていたら、私は彼女と結婚することはできなかった。

営業に関しても、私は同じでした。とにかく情熱を持ち全身全霊であたる。一度や二度断られて簡単に引き下がるわけにはいきません。**むしろ厳しい態度の人、断られた人のほうが、めげずに通うと心が通う**ものです。

「あのときの山形さんの熱意には負けたなぁ」

後々そんな風に懐かしく言ってもらうことがあります。簡単には諦めない、めげない。熱意が人を動かす。同時にそれが自分を強くすること、磨くことにつながると思います。

仕事1年生
うまくいく
コツ
35

断られたときが関係の始まり。
諦めない姿勢が自らをも成長させる

七回転んで八回起きた人間は強い

転ぶのも、起きるのも、すべての経験が活きてくる

「艱難《かんなん》汝《なんじ》を玉《たま》にす」。西洋からもたらされた古いことわざがあります。苦労や困難はその人を磨き、成長させる。「若いときの苦労は買ってでもせよ」という言葉もありますが、苦労することはある程度成長のために必要なこと。

「七転び八起き」という言葉もあります。七回転んでも、つまり失敗しても八回起き上がればいい。一つ余計に起き上がれば、たとえ何度転んだとしても成功したことになる。世の中の創業社長の多くは、このような経験をしていると思います。何事も最初からうまくいく事業などあり得ません。

私自身の人生を考えても、山あり谷あり、どん底の時代もあった。でもそれがすべてコンサルタントという仕事をやる上で役に立ちました。どんなに知識があったって、それが誰かの言葉や本から引っ張ってきたのでは説得力がありません。

人の心を動かすのは、話している人が実際に体験したこと、そこからその人が自分の口で創り出した言葉なのです。それこそが本当の声＝叫びであり、生きた知恵なのです。

だからこそ、失敗も困難も悲しみも苦しみも、さぁ、いつでも来い。必ずそこから這い上がって、コンサルタントとして人間として一回り大きくなってやる。そんな意気込みを持ってほしいと思います。

日本生産性本部でコンサルタントをやっていたときから、私の基本姿勢は変わっていません。だからクライアントは驚きます。「山形さんのお話は理論的に話をする生産性本部の方のお話とまるで違う。本当に生産性本部の方ですか?」と。データや理論を中心に話をする人が多い会社のコンサルタントの中で、私は違っていました。自分の体験と実際に自分が見聞きしたこと、それをもとに話をします。

失敗と挫折を経験するからこそ、説得力のある人間になれる

私自身は日本生産性本部を辞めた後は、さらに失敗と挫折だらけ。紆余曲折、七転び八起きの人生を送りました。私の至らなさで妻を失くして男手一人、二人の息子を育てた。と言えばかっこよく聞こえるかもしれないが、長男は中学生になったころからグレはじめ、素行不良でどれだけ学校に呼び出されたかわかりません。

だからといって、誰かを恨んだり、弱音を吐いている場合じゃない。こんなダメな人間が偉そうにコンサルタントとして人を教えている。だからこそ、このダメな自分もさらけだそう。自分の体験、成功した部分、失敗している部分、すべてあからさまにして、それを自分の言葉として語ろう。そう考えてとにかく頑張った。

グレて道を外していた息子は、その後、ある仕事をきっかけに立ち直りました。営業で社内トップの成績を上げ、社長にもクライアントにも可愛がられ自分の存在を認められるようになった。

人は変わることができる――。私自身もそうでしたが、長男も見事に変わった。そのきっかけはやはり仕事であり、そこで出会った人たちの影響です。

コンサルタントとして、人間として自信を持って言えること――人は変わることができる。実体験であり実感、受け売りではないからこそ、説得力が生まれるのだと思います。

仕事1年生
うまくいく
コツ
36

失敗や挫折も成長の糧にするという気概を持って、どっしり構えていよう

とことん遊ぶことも経験のためには必要

自分を殺さないためには、あなたらしく生きることが必要

人それぞれの人生、どれが正解というものはありません。私自身の生き方は私にとっては失敗も含めて、「これでよかった」という納得感があります。ただし、同じ生き方、考え方があなたにとって正解かどうかはまた別のこと。

大事なことはただ一つ、「あなたらしく生き抜くこと」。「あなたの人生を精いっぱい生きること」。

羽根を持つ鳥は自由に空を飛びながら生きている。ウロコやヒレを持つ魚は水の中を自由に泳ぎながら生きている。鳥は泳げないことを恨むだろうか？　魚は空を飛べないことを嘆くだろうか？　与えられた自分の特性を存分に生かして生きているから、彼らは自然であり美しい。

私たち人間も一人一人個性があり、特徴がある。その自分を思う存分に生かすことで、自由に生きる。それがあなたを磨き、輝かせる。そんな生き方をぜひしてほしいのです。

間違っても自分をごまかして他人や社会の思惑に合わせ、自分を殺してはいけない。後戻りできない歳になって、恨み節だけの人生に堕ちてはいけない。

人それぞれの方法で、遊びも充実させよう

私自身、仕事は頑張ったけれど、それだけでは続かなかった。やはりどこかで息抜きが必要でした。講演やセミナー、著作などでまとまったお金が入ると銀座のク

ラブに行き、しこたま飲みました。

私は聖人君子ではありません。いろんな欲望も人一倍。女性にもモテたいし、チヤホヤもされたい。銀座は大人の社交場だ。ある程度の節度があれば、阿吽の呼吸で飲み、遊ばせてくれる。それがまた自分の活力になった。

銀座で夜中の2時、3時まで飲むことも珍しくありませんでした。人によってはムダ金だというかもしれないけれど、私は自己投資だと思っています。特に若く体力のあるときにしかできないことがある。

やはり銀座の一流クラブになると、もてなしの質が違う。彼女たちはお客さんのことを徹底的に調べます。持ちモノや趣味のチェックはもちろん、お客の会社の株価を調べ、上がっていれば「最近は景気がいいみたいですね」と話を振る。新聞を読んで経済、社会の勉強をしっかりしている。

私がある知り合いに連れられて初めてのお店に行く。知り合いがいる間は、知り合いを持ち上げて顔を立てるけど、ちょっとトイレに行ったすきにすかさず私の横に来て、「ぜひ今度お一人でもいらしてね」と名刺を渡す。で、知り合いがトイレから出てくる頃には席を立ち、おしぼりを持って、何食わぬ顔して知り合いに渡しているのです。

賢く、はしっこくなければ銀座のクラブは勤まりません。彼女たちの行動が私の営業のヒントにも、話のネタにもなり、彼女たちとの駆け引きや会話で、私自身磨かれ、救われました。

遊び方は人それぞれ。私のケースはあくまでも私の場合。**どんな形であれ、仕事だけでなく、遊びを通じて学ぶこと、磨かれることが多い**ということを知ってほしいと思います。

仕事1年生
うまくいく
コツ
37

遊びにも多くの学びがある。息抜きも兼ねて、体力のある若手時代にしっかり遊ぼう

「縁」を大事につなげることが自分を磨くポイント

年賀状にも個性やインパクトを

会社を定年退職すると年賀状が激減すると嘆いていた人がいました。実際多くのビジネスパーソンは会社を辞めたり退職すると年賀状が減ってしまう。

私は年賀状でも自分流を貫きます。せっかく送るのですから、印象に残るものを送りたい。そして私、山形琢也という人間をより知ってもらえるものにしたい。

だから新年の挨拶文だけでなく、前の年の消息と雑感、そして新年に向けての決意文を書きます。

「山形さんからの年賀状はユニークで面白いね」「毎年楽しみにしています」。そんな感想が聞けるから、私もついつい張り切ってしまう。

若い人ははがきの年賀状ではなく、メールやＬＩＮＥで送る人もいるでしょう。形は人それぞれだけれど、せっかく送るなら個性とインパクトがあったほうがいい。

相手に楽しんでもらえるなら、それが一番。自分を忘れずに覚えていてもらう。そのひと工夫が、結局、年賀状だけでなく仕事にも生きてくる。何より書いている自分も楽しくなります。

人間はつくづく「縁」によって生きているし、生かされていると思う。人とのつながりが生きる喜びや人生の機会＝チャンスを与えてくれる。運とは常に「人が運んでくる」ものだと言う人もいますが、実際、その通りなのです。

自分流を貫きながら、周囲に認められる人間を目指せ

私は口を酸っぱくして「自分流」を貫くことを話します。それは決して他人を無視して、自分の世界を貫けということではありません。

どんな人間も、結局のところ他者に受け入れられ、関係を持つことで生きています。人間は一人きりでは生きていけません。中国の昔の刑罰で、何年間も誰とも会わせず一人にするというのがあったそうですが、誰もが最後は狂ってしまったそうです。

人は人との関係の中でしか生きられない。**自分流を貫くということは、人との関係の中で自分らしさを発揮し、他者に受け入れられる、評価され認められるということ**です。

ですから自分を生かす人、自分を磨き輝ける人は、すなわち「他者とつながることができる人」でもあります。

成功している人、他者から尊重され一目置かれている人を見てください。まず例外なく「他者とつながること」が得意なはずです。それは「縁」を大切にする気持ちがあり、それを実践しているからです。

年賀状一枚で、その大事で貴重な縁がつながれるとしたら、なんとも安あがり。ありがたいツールだと思いませんか。

人によっては少し会う機会が減ったり、関係が遠くなるとぱったりと年賀状をくれなくなる人もいます。私から言わせたら何とももったいない。せっかくできた縁を自ら断ち切るのですから。

縁はできるだけ長く保ち続けたい。どこでどうつながり、どんな幸運がそこからやってくるかわからない。人とつながり、縁を長く保つ。それだけであなたは磨かれ、大きくなっていくのです。

仕事1年生
うまくいく
コツ
38

成功する人は、人との縁を大切にする。年賀状にしても、相手の印象に残るものにしよう

第6章

人生の主導権は自分が握る

プロは複雑な仕事を単純にこなす

能力のない人は、単純な仕事を複雑にこなす

ビジネスパーソンは大きく分けて三つに分けられます。一つは「複雑な仕事を複雑にこなす人」。もう一つは逆に「複雑な仕事を単純にこなす人」。残る一つ「単純な仕事を複雑にこなす人」。

仕事のプロと呼ばれる人は、例外なく「複雑な仕事を単純にこなす人」だ。複雑な仕事を複雑にこなすのは普通の人。そして、能力のない人ほど単純な仕事をあえて複雑にする。「あーでもない、こーでもない」と余計な労力を使って、疲れきっているのです。

新人の頃であれば仕事のポイントも要領も掴めていないのだから、単純な仕事を複雑にこなしていても仕方がない。それが入社して5年も10年も経っているのに、いまだに単純な仕事を複雑にしかこなせない人がいるのです。

複雑で面倒な仕事を単純＝シンプルにこなすために必要なことはなんでしょうか？　経験？　技術？　要領？　たしかにそれらも必要です。しかしもっと根本的なものがある。それは「**本質を見極める力**」です。

本質的な問題は何なのか、突き止められるのがプロ

上司やクライアントから仕事を頼まれた。果たして彼らが何を求めているのか？　それを提供するために、自分は何をやればいいのか？　仕事の本質を素早く見極める力があれば、シンプルにそれをこなすだけ。

たとえば企業のコンサルタントをしていて、クライアントから次々と会社の問題点、解決したいことが挙げられたとしましょう。

「顧客の目線に立った商品開発ができていない」「社員の評価基準がバラバラだ」「責任体制があいまいだ」「失敗や成功事例を次に活かせていない」「30代の離職率が高く中堅社員が育たない」……。

普通以下のビジネスパーソンはそれぞれの問題を個別に取り組もうとするでしょう。すると各部署の担当にそれぞれ聞き取りを行い、改善策を考え……。膨大な時間と労力がかかります。

ところが、「複雑な仕事を単純にこなす」プロの仕事人は違います。**一見バラバラな問題点ですが、背後に潜む本質的な問題を見抜きます。**

たとえば先ほどの場合なら、いずれの問題の根本に「社内の情報共有ができていないのではないか」という仮説を導き出します。そうだとしたら、さらに情報共有ができていないのは「部署内、部署間のコミュニケーションが足りないのではないか」という問題点につながります。

その仮説を裏付けるために聞き取り調査を行い仮説を確認します。どうやらそれが正しいということであれば、その会社の部署間の情報共有、コミュニケーションを図る方法は何かと考える。

そこで部署間のコミュニケーションの活性化を図るため、組織横断的な新規プロジェクトを新たに立ち上げてみる。営業から企画、広告など社内の各部署から選抜されたメンバーで構成したチームで共通の課題に取り組む。

沈滞していた社内の部署間のコミュニケーションがそれによって活性化する。一見バラバラだった問題点を、一気に解決することが可能になるのです。

仕事1年生
うまくいく
コツ
39

本質を見極めることで、複雑な仕事をシンプルにこなすことができる

「自問自答」する力こそすべての基本

仮説を立てられる人間になるため必要な習慣とは？

前項の例はまさに複雑な仕事をシンプルにこなす例だと言えるでしょう。そしてそれが可能になったのは、さまざまな表面に現れる現象に振り回されるのではなく、その背後にある本質を見抜き、見極める力があるからです。

それは結局何によるか？　自分の頭の中で現象を捉え、仮説を導くことができるかどうか。つまり**深いところでの「自問自答」ができるかどうか**に懸かっている。

「これはこういうことではないだろうか？」「だとしたらこうするのが一番いい方法ではないだろうか？」……。

自問自答が癖、習慣になっているかどうか。すると、やはりここでも「自分自身」という言葉が浮かびあがります。

すべての問いの答えは自分自身の中にある――。

問題を解決する答えを外に求め、やたらと人に聞いている人がいます。もちろん新人であれば、最初は上司や先輩に聞かなければわからないことだらけ。どんどん聞くべきです。

ただし、入社して3年、5年たっても大事な判断を人に聞き、人に委ねることが癖、習慣になっている人がいる。

自分の中に思考の型枠がない。自分の中に確固とした軸がない。だから判断もできなければ仮説も立てられない。そこで不安になって人に聞くのでしょうが、それこそ人の意見はまちまちです。

Aさんが言うこととBさんが言うことは見方が違うので異なることが当たり前。するとその時点で判断に迷い右往左往してしまう。そして本質から外れた余計な仕事に労力をつぎ込み、一向に結果が出ない。そのうちにコミュニケーションの齟齬《そご》が生まれ、トラブルが起きる……。

本質から外れたところで悩み、時間を使わないために

単純な仕事を複雑にこなす人はまさにこの落とし穴にハマっているのです。本質から外れたところでの仕事が増え、混乱しストレスも溜まる。それがまた判断ミスを招く……。

「なんだか彼はいつもアップアップしているわりに、一向に仕事が終わらないな」というのはこういう人です。

自分自身に問いかけ、自分の頭で問題の本質を見極めましょう。それができれば自信と確信を持って「何をなすべきか？」が見えてくるはず。

以前、ある経営者の団体に招かれて講演をしたとき、「我が人生、すべて我のものなり」というテーマを設定しました。

「自分の人生はすべて自分のものだ。だから、まず自分を大切にしなければならない。同時に、自分で考え、自分で生き方を決めて、自分で責任を持って行動しなければならない。他人から解答をもらおうなどと思ってはいけない」

そんな話をしました。つまり「自問自答」せよということ。もちろん人の意見を参考にすることがあっても、最後は自分。**「自問自答」を癖にすれば、本質を見抜く力が養われ、結果として「複雑な仕事を単純にこなす」人間になることができる**のです。

仕事1年生うまくいくコツ

40

「自問自答」する習慣をつけることで、本質を見極める力が養われる

毎日、寝る前の5分、自分を振り返る習慣を

仮説の修正を繰り返すことで、自分の軸が形成される

「自問自答」をしてたとえ失敗したとしても、それは強烈な体験として自分の中に返ってくる。自分の仮説や考え方を修正する。成功しようと失敗しようと、その繰り返しがやがて自分の人格の「核」「軸」を形作ります。

するとどんな問題が起きてもブレなくなります。いろんな人の意見に振り回され、流されることがない。明確に問題の本質を見極める力が付くので、適切に対応する

ことができる。そして小さな変化にも気づくことができるようになるので、人の真意を見抜いたり、心の動きを読むことができるようになります。

いまのあなたは社会に出たばかりの新人で、目の前に、覚えること、やることがたくさんあるでしょう。

しかし、この「自問自答」はあなたがビジネスパーソンとして、社会人として、立派な人間となるために、必要になることです。今からそれを意識し、自問自答の癖、習慣を身に付けるように意識することが大事なのです。

他人のことや他人の視線ばかり気にしていないか？

それには毎日、5分でもいい。自分自身を振り返り、自分の内面と向き合う時間を確保すること。

寝る前に1日の出来事を振り返り、ノートに書き出してみるのも一つの方法です。

それに対して自分がどう感じたか？　なぜそれが起きたか？　どう対応するべき

か？　一言添えてみる。これを繰り返すことで自問自答が次第に身に付くはず。時間があるとすぐにスマホやパソコンと向き合う気持ちもよくわかります。インスタグラムなどで「いいね」がどれだけもらえるか？　自分のコメントにすぐに返信してくれるか？　ストーリーズに反応があるだろうか？　気になると思います。

しかし、ネットやＳＮＳで流れてくる情報や他人の意識、他人の意見に向き合うより、まずは一番大事な自分自身と向き合い、自問自答することを強くお勧めしたいと思うのです。

仕事1年生
うまくいく
コツ
41

ＳＮＳを見る時間を5分だけでも削って、自問自答する時間を作ろう

自分の内面＝「体と心の声」を聞く

自分の軸で行動することが、心身の健康につながる

先日、病院で健康診断を受けました。正直この年齢です。体のそこかしこの数字は異常値を示しています。「だけど先生、ほら見てください。私は元気でピンピンしてますよ。先生より顔色がいいくらい」と医者に話してやります。

若いころから自問自答が当たり前になっている私は、自分の身体に関しても「自分の内側の声」を大事にします。

自分自身が大事。当然自分の体も大事。だから自分の体の内側の声に耳を澄ます。すると「疲れた」「もう休んだほうがいい」「ちょっと睡眠を取ったほうがいい」……。自分で自分がどうしたいか？　どうするべきか答えが聞こえてくる。

逆に「まだまだ大丈夫」「もう少しだけなら頑張れる」という声が聞こえるときもある。自分の体は自分が一番よく知っている。過信は禁物だけど自信はある。だから健康診断の数字が多少悪かろうが、私はほとんど気にしていません。

なぜなら、自分の体が「大丈夫、元気いっぱいだよ。数字なんか気にするな」と言っているのがわかるから。

主体性や意欲を失うと、人は衰える

自分自身の内面の声を大事にする。自分と向き合い、自分の価値観と考え方を軸にする。他人の意思に動かされたり、思惑に流されず、常に自分の意思と価値観を尊重してきた。だからおかしなストレスがない。無理がない。

結局人間が不健康になったり、老けこんだりする原因のひとつはストレスだったり、主体性とか意欲というものを失ってしまうからだと思っています。つまり生命力が不足することで若さを失ってしまう。私は自分自身の心と体を大事にし、その声に常に耳を傾けている。だからいつも前向きで主体的でいます。自分を生きている実感があるので元気に溢れている。

若いあなたはまだまだ体力も気力も横溢《おういつ》している。多少の無理もきく時代だからこそ、今から自分自身の心と体に向き合う習慣を付けてほしいと思います。くれぐれも若いうちから健康診断の数字がすべてとばかりに一喜一憂するなかれ。それは他人の決めた基準や評価に合わせていること。すっかり身を任せ、頼っているということです。

もちろん全く無視するのは論外ですが、数字を気にしすぎて不健康になっている人も見かけます。そんなものは本末転倒。そもそも人間の体は個体によって違う。数字に表れる健康の目安はあくまで平均値でしょう。参考にするのはいいですが、絶対視するものではありません。
まず自分自身を大切にして、活き活きと生きること。それが一番の元気と健康のもと。あらゆる数字が悪いこの私が、若い人よりも血色よく元気に生活していることが何よりの証明なのです。

仕事1年生
うまくいく
コツ
42

いつまでも若々しくいたいなら、主体性を持って生きよう

ときには自分の手綱を緩めることも知恵のうち

自分の心身が発しているSOSには素直に従おう

自分がどんな食生活を送るか、どう管理するかは、自分の頭で考え、自分で納得した形で実践するべきです。若いときは多少の無理はきくけれど、無茶な生活はいけません。仕事も遊びも過剰にやれば心身をむしばむ毒になる。

近年では過労死という言葉をよく見かけるようになりましたが、何をおいても一番大事なのは自分自身。つまり自分の健康と命です。自分を殺し、命を本当に捨ててもいい仕事など、この世の中に本来はあり得ません。

仕事を頑張るのは必要なことだけど、自分の健康や命を削ったら本末転倒です。自分を大切にし、その内側の声を尊重する。「これは辛い」「ダメだ」と感じたら、思い切って休むべきです。それも自己管理、自己コントロール。

まっとうな組織であれば、死ぬほどまで働いてほしいなどとは考えていないはず。どこかで自分の手綱を緩めてやる。その賢さと適度なズルさも大人になったら必要。いずれにしても、自分を大切にし、自分と向き合い、自分と対話する。その習慣が大事だということです。

想定外のハプニングやトラブルに強くなる

だからと言って、きっちり9時~17時で会社から家に帰り、ハメを外して飲むこともない。そんな生活がいいということじゃない。だって私もあなたも人間、ロボットではないのだから。ときにはストレス発散も必要でしょう。

むしろ今の若い人は賢すぎておとなしすぎる傾向があるようです。自分のペースを大切にし、予定どおり、計画どおりにしないとダメだと考えがち。

ビジネスでも人生でも自分の計画通り、思い通りにいかないハプニングや想定外の出来事は、常に起こります。そして私の体験上、その**ハプニングや想定外の出来事を避けずに受け入れることで、意外な人との出会いがあったり、仕事のヒントや問題解決のきっかけがつかめたりする**ものです。

自分を大切にするということは、自分を閉ざすことではありません。むしろいろんなものに開かれていることが大事になります。

確固とした自分が確立されている人ほどオープンになれる。人に対しても出来事に対しても素直に受け入れることができる。どんな環境や状況に置かれても、自分の核はブレないという自信があるから。どんな人間関係につきあっても、自分を見失わない確信があるからです。

さまざまな状況や人間関係に飛び込み、そこで磨かれることで、さらに人格を高めて、その核や軸をしっかりしたものにしていく。オープンマインドで生きることは、自分を見いだし、成長する機会を作るということに他ならない。

若いうちから自分のペースを守るあまり、自分を閉ざしてしまうと、そんな成長の機会を失ってしまう。さらに、いろんなものに対する免疫が欠如してしまいます。

不測の事態、億劫な集まり、苦手な人たち……。避けたいものを受け入れることで、それらに対する免疫力が付きます。

ただし、だからと言って毎日誰かと飲んでいる生活がいいわけじゃない。何事もバランス、節度をわきまえる。そのマネジメント、塩梅をする力をひっくるめて自分を大切にするということなのです。

仕事1年生
うまくいく
コツ
43

自分の心身を一番大切にしつつ、ときには想定外の出来事を受け入れてみよう

新人にとって最良の投資は現場の仕事と人間関係だ

すべてが自己投資だと思って仕事をこなそう

語学でも勉強会や読書会でも勉強する機会を作ることは悪いことではありません。ただし、社会に出てからは何度も言ってきたように、実社会での仕事やさまざまな体験を通じての学びのほうがはるかに大きい。

特に新人のあなたなら、まず自分の業務を覚えること。上司が与えるちょっとした仕事や命令に、しっかりと応えること。まずそれに全力を注ぐべきです。それがそのまま自己投資でもある。一つ一つ仕事をこなす中で実績と信用がつく。それが次のステップへとつながっていく。

幅広い世代との付き合いも学びにしよう

学生時代と違うのは、さまざまな世代の人と関係ができること。社内外に関わらず、特に年長者との付き合いが密になります。同世代とは違う感覚や思考を持ち、行動パターンも違うでしょう。

仕事や飲み会、普段のコミュニケーションを通じて学ぶこと、初めて知ることが多いのも、新人の時代だからこそ。それに前向きに取り組んでほしい。そして一つでも多くのことをそこから学びとってほしい。そのための時間も労力も惜しんではならない。

それが今のあなたに求められている自己投資であり、将来への架け橋となるのです。将来どんな花を咲かせるか？　今のあなたたちの地道な取り組みが肥料となり養分となって大輪の花を咲かせることにつながるのです。

仕事1年生
うまくいく
コツ
44

新人時代の仕事や人付き合いへの取り組み方が、将来の自分への投資になる

学生時代とは違う友人関係

昔からの友人との縁も大切にする

社会に出て仕事をするようになると、人との付き合いや関係も変わってきます。同年代ではなく、特に上の世代との付き合いが重要になるというのは前にお話しした通り。ただし、だからと言って学生時代の友達との関係の意味がなくなるわけではありません。

むしろお互い社会に出て手探りが続く中、いろんなことを相談したり悩みを打ち明けることができる相手として、学生時代からの友人はとてもありがたい存在です。そういう存在を大切にすることも、あなたが社会の厳しさを乗り越える上で重要になってきます。

学生時代のような無邪気な関係だけでは物足りない。お互いが社会の中で仕事を通じて成長しながら、状況や情報を共有し、インスパイアされていく関係であればさらに望ましいでしょう。

長い付き合いだからこそ、ストレートにものを言ってくれる

いずれにしても、何でも話せる昔からの友人は貴重であり、その縁をつないでおくことが大事です。

若いあなたの年代ではそれほどでもないと思いますが、50歳を過ぎたあたりから、再び同窓会、クラス会が増え始めます。

それはまだ先の話としても、学生時代の関係はできるだけ忙しい若い時期であっ

ても断ち切らずにつなげておくほうがいいでしょう。たった一人でも、自分が苦境に立たされたとき、何か失敗して落ち込んでいるとき、話を聞いてアドバイスしてくれる存在は貴重です。

また、利害関係のない純粋な関係だからこそ、ときには厳しいことを言ってくれるのも友達のよさです。**社会に出ると、なかなか純粋な気持ちでアドバイスしてくれる人が減ります**。

ところが昔からの友達、本当の親友であれば、

「最近のお前はおかしいよ」とか

「ずいぶん昔と変わったな」など、

本質をグサリと刺す言葉を言ってくれる。それが気づきになり、自分を修正するきっかけになる。

まさに「持つべきものは友」。昔からの言葉は真実なのです。

仕事1年生
うまくいく
コツ
45

自分を見失ったときや、悩んでいるとき、昔からの友人に救われることもあります

人は幸せを勝ち取るために仕事をする

仕事に全力を捧げて、仕事から活力を得る

私のように家も仕事も、すべてマイナスから始まっているような人間、人間関係も上手でなく不器用で躓《つまず》いてばかりの人間、それでもこうして生きてくることができました。

自分自身の人生を精いっぱい生きてきたし、これからも生きるだろうと力強く言い切ることができます。

その力を与えてくれたものは何か？　それが仕事なのです。こんなマイナスだらけのダメな人間でも、仕事と誠実に向き合い、全力を捧げることで生き抜くことができた。

私は仕事によって人に認められ、受け入れられ、成長できる。
私は仕事によって自分を知り、自分自身を確立することができる。
私は仕事によって社会の中で役割を持ち、周りの恩に報いることができる。

何のために仕事をしているのかと言えば、いま掲げたことそのものでしょう。まじめに真摯に向き合うことで、仕事はかけがえのないものを自分に与えてくれます。
そしてさらにもう一つ付け加えたいと思います。

私は仕事によって幸せを実現することができる。

すべてが幸福へとつながっている

人間は何のために仕事をするのか？　お金を稼ぐということだけが目的なら、あこぎな商売をして儲けることも是となる。でもそんな生き方を望むでしょうか？　おそらくほとんどの人はそんなことを望まないでしょう。

仕事をする最終的な目的は、幸福になるためです。

仕事1年生、未来と可能性に溢れるあなたに強く言いたいと思います。人に認められ成長する実感、自分を知り自分を大事にできる実感、社会の中で役割を持ち、人の役に立っている実感、人とつながる実感……。そのすべてが、あなたの幸福へとつながっているのだと。

難しいことはありません。マイナスばかりで始まった私の人生でしたが、それでも仕事をする中で、なんとか幸せを得ることができました。紆余曲折、失敗しながらでも、人生の迷宮に入り込まなくて済んだのは、誇りに思い、力を向けることができる仕事があったからです。

若い力に溢れ、さまざまなものに恵まれているあなたなら、必ずできます。私の何倍もの幸せをつかむことができるのです。

どうか大手を振ってこの社会という舞台に飛び出してほしい。そして自分自身を確立し、幸福になるために仕事をしてほしいのです。

誰のためでもない、あなた自身のために。

仕事1年生
うまくいく
コツ
46

あなた自身の幸福のために、あなたらしい社会人生活を!

おわりに

世の中に社会人1年生に向けての本は数多《あまた》あるでしょう。仕事の仕方、人との付き合い方や作法、細かいテクニックに関しては、そういう本を読んでもらえればある程度はわかるのではないでしょうか？

この本では細かなテクニックやハウツーではなく、もっと根本的な「考え方」「行動の仕方」を伝えたかった。

そのために、ときに私の個人的な話やプライバシーの領域までお話しさせてもらいました。多少話しすぎたきらいはあるかもしれませんが、いまさらこの歳になって隠す必要もありません。恥を忍んで公にさせていただきました。

繰り返しになりますが、この本で言いたかったことは一つ。

「あなたの人生を、あなたが人生の主役となって、精いっぱい生き抜いてほしい」ということ。

そのために必要なのが、「失敗を恐れないこと」「行動すること（先行後知）」「人はその気になれば変わることができると信じる気持ち」、そして「一生を捧げるに値する天職を持つこと」です。

ただし、どんなに立派な志を掲げ、頑張っても、人間は一人だけでは生きていけません。

自分の生き方を変え、人生を精いっぱい生きる原動力になるのが、他者の存在です。人は一人では生きてはいけない。どんなに偉い人物、強い人間も、たった一人では何もできやしない。

私にとってその意味で大きかったのが、妻の存在でした。

私が35歳のとき、周囲の引き留めや反対をよそに、経営コンサルタントとして独立しましたが、仕事は一向に軌道に乗らず、ぶらぶらする毎日が続きました。収入のない中で、妻は親から借金をし、自ら働きに出て家計を切り盛りしてくれた。

そんな状態が3年ほど続いたある日、妻はついに病気になって倒れ、入院。診断の結果は胃ガンでした。ダメな私に代わって身を粉にして働いた3年間。疲労、心労で1971年9月18日朝、帰らぬ人となった。

思えば惚れに惚れこんで、幸せにするからという私の情熱にほだされ結ばれた二人。ところが何一つ約束を果たすことができないどころか、ただ苦労させただけであの世に旅立たせてしまった。

妻の遺骨の前で、私は遅すぎる懺悔をしました。

「私は間違っていた。あなたは死をもってその間違いを私に訴えようとした。よくわかった。私は変わる。君を死なせた罪は、生涯をかけて償っていく。残した子ども二人は、私の手で育てる」

言葉にすると芝居がかって恐縮ですが、自らの罪の意識と後悔、無念。まさに血の涙。自分を変えたい、変えなければいけない。

ある意味、彼女が亡くなってからのほうが、私にとってその存在感はより大きくなった。

私が一念発起して仕事で頑張れたのも、そしてコンサルタントとしてある程度認められるようになったのも、妻の存在があってこそ。

人は強い生き物だと言えるだろうか？ それとも弱いのだろうか？ 「強さ」とは決めたことを守る、決意したことは実行するという気持ち。また多少の困難にめげず、乗り越えていく力であり、誘惑に負けない力のことを言います。

「弱さ」とは逆に決めたことを守れない、決心したことを実行できないこと。そしてちょっとした壁に当たると挫けてしまったり、誘惑に流されてしまったりすることです。

私自身を振り返ったとき、そこには強さも弱さも混在しています。ただし、基本は弱い人間ではないだろうか？

そんな私が強くなれる瞬間があったとしたら、妻の声を聞くときです。「もっと頑張れるはず」「逃げたらいけません」。弱いはずの私はその声に俄然力が湧いてくる。強くなれるのです。

誰もみな、きっと弱さと強さが混在しているのだと思います。そして強くなれる瞬間は自分ではなく、別の存在を意識するときではないだろうか？　それが誰なのかは人それぞれ。ある人は神様だったり、ある人は尊敬する人物だったりします。あるいは自分の子どもなど、家族が支えになっていることも多いだろう。

その意味で私は妻以外にも多くの人に力をもらいました。コンサルタントをしていたから、よけい多くの人と会うことができたのも、強味だったのかもしれません。

印象深い例を二つだけ。一つは私がコンサルタントとして軌道に乗った直後のことです。山形県のある会社の新人研修を担当したのですが、研修がすべて終わった直後、一人の新人の女性が思いつめた顔をして私の控室に飛び込んできました。

「先生、私決めたんです。会社を辞めます」と言います。

びっくりしていると、「私、先生の話を聞きながら決意しました。会社を辞めて先生のお手伝いさんになります」と。

コンサルタントが軌道に乗った直後の私は、それこそ全身全霊で新人研修に当たっていました。妻を亡くした直後です。何としても仕事を軌道に乗せ二人の子どもを養い面倒を見ていかなければいけません。熱く語るうちに、自分の今の状況、生活ぶりを赤裸々に語っていたのです。

新入社員の初々しいその女性は、その話を聞くうちに、女性らしい母性に火がついたのかもしれない。妻を失い、男手一つで幼い男の子二人を育て格闘する様に、何とか力になりたいと思ったのでしょう。

彼女の目は真剣で、いまにも感情がほとばしりそうな勢いです。ただし新人研修に来た講師がどんな理由であれ、社員の新人を辞めさせてしまったら、それこそ大問題になってしまう。私は彼女の熱意と好意に感謝しながら、どうにかその申し出を辞退させてもらいました。

必死で頑張っていたときだけに、そんな気持ちを持ってもらえるだけでも、私の大きな心の支え、頑張りの源になったことは言うまでもありません。

もう一つ、印象深い出来事がありました。ある年の合宿研修で私自身非常に感動を覚えた男性がいました。年齢は40代で管理職研修に参加していた人です。

外見がどことなく他の研修生と違う。気になっていたが、とにかく真剣に話を聞く態度が目立ってました。食い入るように私を見て、話を聞き、メモをしきりに取っていました。

その彼がある晩、私の部屋を訪ねてきた。「先生、申し訳ないのですが、風呂を貸してもらえないでしょうか」と言います。貸すのは構わないけど大浴場ではダメなのかと聞くと、「実は私の右腕には入れ墨があるのです。私はいいのですが、一緒の人たちが驚くと思いまして……」。

私は即座に彼を招き入れ、風呂を貸してあげました。あがってきた彼と私は話をしました。

「先生、私はこのように元やくざ者ですから、過去ロクな人生を送っていません。悔やむ代わりに、これからの人生を一生懸命生きたいのです。こんな研修の機会を与えられたことがとてもうれしいのです。だから先生、人より理解は遅いかもしれませんが、人一倍努力します。どうか見捨てず最後までご指導ください」

真剣な彼の話に、私は思わず目頭が熱くなりました。彼は自分の言葉通り、最後まで誰よりも真剣に話を聞いてくれました。すると私もその熱意が伝わり、真剣になる。おそらく過去すべての研修の中で、私が最も燃えた研修でした。

私もまた、妻の死によってそれまでの自分を捨て、それこそ背水の陣で仕事に向かった。その彼もまた、それまでの自分と人生を捨て、新しい自分に生まれ変わるべく必死であった。だからこそ、その気持ちが嫌と言うほど私にもわかったのです。

そしてそんな彼の存在が私を鼓舞し、生きる力と仕事に対する情熱をさらに掻き立ててくれたのです。

たまたま二人の例を挙げましたが、真剣に真摯に仕事に向かっている限り、必ず誰かがその姿を見て、何かを感じてくれます。そしてそこから出会いが生まれ、新たな物語が始まる。この二人は特に印象深かったのですが、二人以外にもどれだけ大切でありがたい出会いがあったことだろうか？

あなたも、これからの長い人生の中で、さまざまな人に出会うに違いありません。どんな人に会うときでも、どんな仕事をしているときでも、真剣であれ、真摯であれ、そして誠実であれ。

そうすれば思いがけない出会い、貴重な人との巡りあわせが必ず訪れるはずです。それは一見偶然に見えるかもしれない。でも「あのときあなたに会ったから、あのときあんな人に出会ったから、今の自分がある」、そう思えるようになる。するとそれは偶然ではなく、もはや必然となる。

偶然を必然に変えていくこと――。

それが生きる力そのものであり、人生そのものだと言えます。

ずいぶんと人生の長い時間を過ごしてきた。今年で88歳になるがまだまだ元気いっぱい。それでもあなたの若さは、やはりまぶしく見える。

もしあなたが何かにぶつかり、悩み、逡巡することがあれば、そしてもしこんな私の話をもっと聞きたいというのであれば、私はいつでもあなたのもとへ駆けつけるだろう。まだまだ私にはほとばしるエネルギーがあるのです。

私のこの本が、私の言葉が、たった一行でも、あなたたち若い人に届き、日々いてくれたら……。これに勝る喜びはありません。

最後まで読んでもらって本当にありがとう。

前途有望なあなたたち若い人へ、精いっぱいのエールを。

令和3年3月　山形琢也

山形琢也（やまがた・たくや）

鳥取県生まれ。早稲田大学法学部を卒業後、株式会社サクラクレパスにて6年間ルートセールスに従事。その後、財団法人日本生産性本部に入職。

1968年に経営コンサルタントとして独立後、企業研修や講演を通じ、長年にわたり数多くのビジネスパーソンに仕事で大切なことを伝え、エールを贈ってきた。身長わずか160センチの小兵なれど全身エネルギーのかたまり。

常に、どこでも、そして誰に対しても全身全霊で対応するひたむきな姿勢は、全国の多くの人に感動を与えてきた。

著書には、ベストセラーとなった『気がきく人 気がきかない人』（三笠書房）、『ビジネス社会を「強く」生き抜く力が身につく本』『勝ち抜く力を身につけろ』『なぜこのオッサンの話はおもしろいのか!?』（以上、すばる舎）など多数。


仕事1年生「これ」だけできれば100点です！

2021年３月28日　　第１刷発行

著　者　　山形 琢也

発行者　　徳留 慶太郎
発行所　　株式会社すばる舎
〒170-0013　東京都豊島区東池袋3-9-7 東池袋織本ビル
TEL 03-3981-8651（代表）　03-3981-0767（営業部）
FAX 03-3981-8638
https://www.subarusya.jp/

印刷所　　中央精版印刷株式会社

落丁・乱丁本はお取り替えいたします

ISBN978-4-7991-0752-2